名师成长系列书系

姚建武◎编著

故事语文教学

吉林大学出版社

·长春·

图书在版编目（CIP）数据

故事语文教学 / 姚建武编著 . –– 长春 : 吉林大学
出版社 , 2020.4

ISBN 978-7-5692-6370-1

Ⅰ . ①故… Ⅱ . ①姚… Ⅲ . ①小学语文课－课堂教学
－教学研究 Ⅳ . ① G623.202

中国版本图书馆 CIP 数据核字（2020）第 064084 号

书　　名　故事语文教学
　　　　　GUSHI YUWEN JIAOXUE

作　　者　姚建武 编著
策划编辑　张文涛
责任编辑　樊俊恒
责任校对　殷丽爽
装帧设计　智诚源创
出版发行　吉林大学出版社
社　　址　长春市人民大街 4059 号
邮政编码　130021
发行电话　0431–89580028/29/21
网　　址　http://www.jlup.com.cn
电子邮箱　jlup@mail.jlu.edu.cn
印　　刷　武汉市卓源印务有限公司
开　　本　787mm×1092mm　　1/16
印　　张　15.5
字　　数　220 千字
版　　次　2020 年 4 月 第 1 版
印　　次　2020 年 4 月 第 1 次
书　　号　ISBN 978-7-5692-6370-1
定　　价　40.00 元

本书编委会成员

目录
contents

第五章　故事语文教学应用课型

第六章　故事语文教学实践案例

第七章　故事语文教学成长故事

第一章　故事语文教学产生缘由

　　我们希冀，故事语文教学打开的是一扇窗，看到的是广阔的世界；推开的是一扇门，聆听的是自然的天籁之音；拨开的是一片云，欣赏的是春雨润春苗的细无声……

第一节 学生发展渴望

《小学语文新课程标准（最新修订版）》指出："语文课程应激发和培育学生热爱祖国语文的思想感情，引导学生丰富语言的积累，培养语感，发展思维，初步掌握学习语文的基本方法，养成良好的学习习惯，使他们具有适应实际需要的识字写字能力、阅读能力、写作能力、口语交际能力，正确地理解和运用祖国语文。同时，语文课程还应通过优秀文化的熏陶感染，提高学生的思想道德修养和审美情趣，使他们逐步形成良好的个性和健全的人格，促进德、智、体、美诸方面的和谐发展。"

全面提升语文素养背景下，学生是怎样的学习现状？观课过程中，笔者惊喜地发现，无论是课上的观点碰撞还是课后交谈，孩子们对语文的那份热爱，对语言文字的感受力与表现力，连同张扬的个性、独特的见解、开阔的视野、丰厚的文化底蕴，着实让人眼前一亮！

然而，惊喜激动之余，也会有阵阵刺痛与揪心！教学思想守旧、教学语言干瘪、教学程式固化、文化底蕴浅薄等问题笼罩下的课堂，学生对语文课程的热爱程度、运用语言文字表达的能力、思维的广度和深度、灵性与个性，都还有较大的发展和提升空间。

基于问题，笔者经过罗列与筛选，归纳如下：

一、视野狭窄，封闭在课堂

我们不可能要求每个学生上知天文下知地理，人人都是万事通。但是，一个拥有丰富经历、见多识广的人，他的视野必定开阔，积淀必定丰富，格局也随之提高。

教室是课堂，生活也是课堂。如果将课堂定义为狭小的教室，将学习锁定在一本教科书、一张试卷或者一节语文课范围内，学生的视野必定是狭隘的、封闭的，他们所汲取的营养也是非常有限的。

《传统节日》一课，介绍了春节、元宵节等中国重大的传统佳节及其相关习俗，语言通俗，句式整齐，读起来朗朗上口，熟读即可成诵。有教师借班上课，设置如下教学环节：

（一）激趣导入，明确学习目标。

（二）朗读课文，学习生字。

（三）图文结合，了解内容，感悟节日魅力。

1.按照时间顺序排列节日。

2.图文结合，了解描写春节、端午节的语句。

3.结合生活，谈谈其他节日的习俗及语句。

4."我"说过节，感悟节日魅力。

（四）总结主题，深化情感，推荐好书。

——《传统节日》教学环节

执教教师在组织学生朗读课文、学习生字词之后，进入"了解内容，感悟节日魅力"环节，旨在通过"排列节日顺序、了解节日风俗及语句、'我'说过节"等系列语文实践活动，深入了解传统节日的风俗、诗词和俗语，感受传统节日的文化魅力，激发学生对祖国传统文化的热爱。这样的设计，既能够帮助学生正确地理解和运用语言文字，又通过优秀传统文化的熏陶感染，提高学生的思想道德修养和审美情趣。

奇怪的是，进入第三环节后，教师却发现"排列节日顺序、了解节日风俗及语句、'我'说过节"等实践活动难以实施，被迫将学生实践反馈活动调整为教师直接讲授。

好好的设计为什么操作不了？问题在于学生视野的狭窄！视野狭窄的学

生，一方面，眼界只有教室那么大，思维飞不出课堂的范围；另一方面，他们的关注点不在社会生活，对身边的人和事可能熟视无睹，课堂与生活之间阻隔着高山峻岭、汪洋江河。

小学语文新课程标准指出："语文是母语教育课程，学习资源和实践机会无处不在，无时不有。因而，应该让学生更多地直接接触语文材料，在大量的语文实践中掌握运用语文的规律。"因此要将语文学习的触角延伸到课外，才称得上"得法于课内，得益于课外"。

突破课堂封闭，开阔学生视野，需要我们不懈探索。

还以《传统节日》教学为例。因为学生对重大传统节日未必清楚，课前，教师可鼓励学生查找有关传统节日的书籍资料，访问长辈或是民俗艺人；课后，可引导学生阅读相关故事，详细了解传统节日的由来和风俗，积累有关诗词和俗语。通过查找阅读、走访了解，除夕"年兽"的遥远传说，端午屈原投江的悲苦无奈，中秋"嫦娥奔月"的凄美神话……那些离孩子们生活年代久远的封存，随着视野的开阔渐次打开，一个又一个精彩将迎面走来。

当然，除了文化积淀、文化经历和语文实践，还需要教师更新育人观念，营造宽松的成长环境，突破封闭课堂的束缚。冲破封闭，"海阔凭鱼跃，天高任鸟飞"不再是神话。

二、阅读匮乏，局限在课本

新教育实验发起人朱永新是近年来推广阅读的"第一人"，他提出的"一个人的精神发育史就是他的阅读史""一个民族的精神境界取决于这个民族的阅读水平""一个没有阅读的学校永远不可能有真正的教育""一个书香充盈的城市才会是一个美丽的城市"等观点，已经成为社会的共识。

笔者在《为发现而教》一书中提到过两个学生阅读成长的案例：

虽然娇小秀气，但文质彬彬，饱读诗书。据她妈妈讲，"在孩子最有阅读欲望时熟读四书五经、唐诗宋词，受益一生！" 读经典，不仅有利于孩子的品性形成和道德养成，还能为孩子的成长夯实厚重的文化底蕴。有因就有果。后来，这个学生凭借厚实的文化底蕴，参加全市现场作文大赛荣获一等奖。初、高中被签约到令人羡慕的市四大名校之一就读。考入中山大学岭南学院之后，更是如鱼得水，"刚过去的大一，已完成了两部小说和一个剧本的创作，我有时间可以写自己想写的东西了……"（摘自教师节时该学生发给笔者的短信）。

还有一个周姓学生，在语文教师的指导下坚持读名著读经典：

小小年纪的她，已是校园电视台的主播，学校大型活动的指定主持人。胸藏文墨怀若谷，腹有诗书气自华。她不仅才华出众，而且形象气质都得到全校师生的高度认可。谈到阅读感受，她说："我为黛玉的悲惨结局而伤心，也为宝玉的疯癫而感动；《青铜葵花》让我明白什么叫情深似海，什么叫友情来之不易；我读书，是因为我要长大……"朴实的语言，真挚的情感，深切的感受，竟然都是伴随着丰富的阅读积淀而灵动绽放！

可惜，当下仍然有些阅读局限在课本。我们暂且不提当前学生阅读的广度和深度，单是阅读量就严重匮乏。

首先，没有时间去阅读。从早到晚，课程安排得紧密严实，课后时间被大量机械重复的作业占据。尤其是家长，为了让孩子不输在起跑线上，不是买来各种教辅资料，就是盲目报形形色色的辅导班。一个整天奋战在题海、被课业负担严重挤占宝贵时间的学生，哪有什么时间和精力去阅读！孩子们所面对的，除了作业就是课本。

其次，没有心思去阅读。就算整天奋战在题海、被课业负担严重挤占阅读时间的只是个案，但是，科学技术、物质文化和信息传媒高度发展的今天，手机、网络、影视等新兴载体对学生的诱惑远比名著和经典的吸引力要大得多。本来心智就不成熟、自制力偏低的学生，一旦脱离学校和家庭的监管，怎么可能会沉醉于名著名篇的阅读！

再者，不会选择性阅读。读名著和经典，就像是在和圣人对话，阅读的过程就是洗礼、提升和成长的过程。在一个快餐文化充斥、父母忙于工作而无暇引领孩子读书的环境下，学生会选择怎样的文本阅读？除了买一些非正规出版、内容并不高雅、充斥暴力和打斗的漫画书与快餐文化读本之外，学生多沉迷于碎片化的电子读物，很少有人会主动选择《论语》等优秀传统文化读本，更别奢求阅读整本的《史记》。

局限在课本的阅读，片面单一，远不能满足学生多维发展的需求。但是，改变还得从阅读开始。学习《蜘蛛开店》《青蛙卖泥塘》，可以迁移阅读《格林童话》《安徒生童话》，感受人们的美好愿望与纯真善良；学习《大禹治水》《羿射九日》，可以延伸阅读《中国神话故事》《希腊神话故事》，体会劳动人民对自然现象的抗争及对美好生活的向往；学习《亡羊补牢》《揠苗助长》，可以拓展阅读《中国古代寓言故事》《伊索寓言》，品味离奇曲折中的小故事大道理……

阅读是一种习惯，更是一种美德。教师应该成为儿童阅读的推广人。我们不妨尝试：营造阅读的时空，把学生从繁重的课业负担中解放出来；创设阅读的氛围，在师生同读行动中培育良好的阅读习惯；推荐经典名著，让大量优秀中外读本走进学生阅读的视野；共读共写共生活，让阅读、分享、交流和写作有机结合，各放异彩……

三、思维固化，禁锢于牵引

思维是语文能力的核心。因为思维极其重要，故将其从能力范畴中抽出以专门表述。

小学语文新课程标准在"课程目标"中指出："在发展语言能力的同时，发展思维能力，激发想象力和创造潜能。学习科学的思想方法，逐步养成实事求是、崇尚真知的科学态度。"可见，"发展思维能力，激发想象力和创造潜能"

是语文教学的重要目标之一。

学生思维能力怎么样？我们来看一个案例：

教师：女娲寻找五彩石真不容易，一种纯青石竟然是在"一眼清清的泉水中找到"的。看到"眼"字，你想到哪个词？

学生：眼睛（学生不假思索，迅速回应）。

学生：猫眼（第二个学生也随口答出）。

学生：锁眼。

学生：狗眼看人低，我想到"狗眼"。

学生：枪眼。

学生：天眼。《西游记》中的杨戬长了天眼，很厉害。

学生：门眼。防盗门上有一个门眼，能够从里边看到外边的动静。

学生：井眼。我家旁边有口水井。

学生：小心眼。

……

教师：将这些词合起来比较，发现了什么？

学生："眼"可以组许多的词！

——《女娲补天》教学片断

案例中，教师抛出"看到'眼'字，你想到哪个词"的话题，意在引导学生通过比较分析，发现"眼"是指"特别小的地方"，感受女娲寻找五彩石的艰辛和执著。但是，当"眼睛、猫眼、锁眼、狗眼、枪眼、天眼、井眼、小心眼"等词语排列在一起，学生竟然只是从数量上发现"眼"可以组许多的词。这种无效比较分析的背后，折射出思维能力的薄弱和肤浅。

问题的出现并非源自案例中的教师。笔者认为，这与日常教学的封闭保守、狭隘单一有着丝丝缕缕的关系。

一个尊重学生生命个体的教师，定会呵护教育对象在学习过程中灵光一闪的发现，包括质疑的火花、否定的态度、有悖常理的举动、奇思妙想的创意……

教育部编义务教育教科书（以下简称"部编版"）二年级下册《羿射九日》，为了突出人类的生活艰苦，编者对灾难场景进行描述：

禾苗被晒枯了，土地被烤焦了，江河里的水被蒸干了，连地上的沙石好像都要被熔化了。人类的日子非常艰难。

为了塑造主人公"羿"的神勇无比，编者又采用夸张的写法突出其形象：

他翻过九十九座高山，蹚过九十九条大河，来到东海边。

"江河里的水被蒸干了"，后面却写羿还要"蹚过九十九条大河"，这么明显的前后矛盾的问题竟然是被福州一个八岁孩子给发现的！在赞叹孩子的同时，我们不得不钦佩站在孩子身后的那位了不起的语文教师！是他，给了孩子大胆质疑的机会；是他，让孩子拥有了自主思考的空间；还是他，让人性的光辉得以闪耀！

这个故事发生后，有人在批判教材编写的随意性，有人在反思崇信权威的盲目性，笔者却在思考：

这么多学校在使用部编教材，难道就没有其他孩子发现这个错误？包括教师？

如果是因为"粗心"而没有发现，大家心里或许会安慰些。倘若是真的没有发现，只能说明孩子和教师的思维已经被禁锢到了触目惊心的地步！

思维一旦被禁锢，扼杀的将是最宝贵的质疑、想象与创新等品质的发展。思维禁锢，培育不了适应时代发展的人！

欣喜的是，福州那个八岁的孩子为我们开启了质疑之风，给我们指引了冲破茫茫禁锢之旅的方向！

四、能力低下，受制于应试

语文素养，是指学生在语文方面表现出的"比较稳定的、最基本的、适应时代发展要求的学识、能力、技艺和情感态度价值观",是《全日制义务教育语文课程标准(实验稿)》中的一个核心概念。

语文素养包含的要素很多,我们重点关注学生阅读理解、表达运用这两种语文能力的发展情况。

部编版二年级下册《语文园地八》安排了六组近义词。学生能够认读"慢吞吞、慢悠悠",也能够用自己的语言说出词语的大概意思。但是,当教师组织学生选词填空,检查是否能够依据具体语境活用词语时,部分学生的选择判断还是会出现偏差。

一只乌龟正在地上( )地爬着。

晚饭过后,人们在广场上( )地散步。

选词填空,是明晰词语之间的微妙差异、综合考虑具体语境、活用词语的过程。只会认读不会运用,说明学生并没有理解词语的含义——虽然两个词都表示速度慢,但"慢悠悠"还包含着"悠闲、自在"的意思。同时,理解句子所描述的语境,也是准确填词的关键。显然,这部分学生的阅读理解能力还没有达到应有的水平。

阅读理解能力低下,在中高段的语段、篇章阅读中表现得更加明显和突出,以至于读不懂文章的主题,体会不到所表达的情感,把握不准行文脉络和表现手法。

阅读理解是汲取、输入的过程,表达运用则是输出、呈现的过程。一种能力的缺失低下,势必影响到另一种能力的发展。在课堂观察和语文专项调研中,我们发现学生的表达运用能力同样堪忧。

部编版二年级下册《一匹出色的马》中,有一句描写田野的句子:

路的一边是田野,葱葱绿绿的,非常可爱,像一片柔软的绿毯。

教完语段,教师出示一幅美丽的乡村田园图,要求学生用词语或是优美语句来描述画面。出乎意料,多数学生的词库中仅存有"很大的、很绿的、非常大、非常绿"等几个干瘪乏味的词，像"广阔、绿油油、一望无际"都是凤毛麟角。

口头表达如此，书面运用又怎么样？翻开学生作文，同样不容乐观：

我来到车站旁接妈妈下班。一个小时过去了，妈妈没到。两个小时过去了，妈妈没到。三个小时过去了，妈妈没到……最后妈妈终于到了。

——摘自学生作文《我的妈妈》

小作者原本想通过描写自己焦急的等待来表现妈妈工作的繁忙和劳累，但是，因为写作语言实在太贫乏，或者说根本不知道用什么词语和句子来表达，那份焦急与等待就演绎成流水账式的几十个空洞的文字，苍白无力。

阅读理解、表达运用只是语文能力的一个缩影。学生语文能力的低下，与僵化的课堂教学不无关系。但是，深层次分析与"唯分数、唯考试"脱离不了关系——在一个以分数为评价标准的教学生态环境中，谁说教师和学生不是受害者呢！

视野狭窄、阅读匮乏、思维固化、实践能力低下只是课堂观察、语文专项调研中已经发现的问题。或许，这些只是学生学习问题中的冰山一角，大地一隅。但是，就是这些问题，已经严重地影响到学生的发展，亟待我们去改变。

故事语文教学是新课标理念下的一种大胆尝试和探索，它能开阔学生视野，夯实阅读积累，激活学生思维，提升学科素养，吻合学生的发展渴望。我们希冀，故事语文教学打开的是一扇窗，看到的是广阔的世界；推开的是一扇门，聆听的是自然的天籁之音；拨开的是一片云，欣赏的是春雨润春苗的细无声……

挣脱学的困境，静待花开。

第二节　教师成长需求

全面提高学生的语文素养已经成为新课程改革背景下语文教学的目标和追求。然而在教学实践中，有些课堂因为"唯书本为本，唯分数为本"的教学思想、"程式固化，封闭生硬"的教学模式的存在和影响，学生学习兴趣难以激发，思维难以激活，灵性难以彰显，学科素养培育效果往往大打折扣。

市、区两级名师工作室组建以来，不少学员积极展示研讨课，呈现个人的教学主见和教学理解。无论是课堂展示还是研讨环节，散发的都是生本、开放、务实的清新之风，践行的都是触动心弦、浸润心灵、促进师生共同成长的课改探索之路。然而，部分学员所表现出的教学思想守旧、教学语言干瘪、教学程式固化、文化底蕴浅薄等问题也随之显露。教的问题主要表现在以下几方面：

一、以本为本，僵化教学

教材所选文本大多文质兼美，具有广泛的代表性。但是，教材毕竟只是个例子，教师一旦走不出固有的经验，课堂教学必然走向僵化。先来看一则案例：

（一）学生吟诵《三字经》，导入课题。

（二）组织学生采用齐读、指名读、小组比赛读、男女生对读、拍手读等多种形式的读，使学生对文本熟读成诵。

（三）带领学生逐字逐句理解文本的意思。

（四）教师示范、指导学生书写本课生字。

——《人之初》教学环节

《人之初》句子短小，形式整齐，隔句押韵，读起来朗朗上口。教师已经注意到课文《人之初》节选自经典韵文《三字经》，因而特别重视文本的朗读——

由读准字音发展到读出节奏，再上升到读出韵味，最后吟诵课文，达到了熟读成诵的教学效果。紧扣朗读来学习韵文，教师的教学理念值得肯定。但是，撇开朗读、翻译和书写，四十分钟内学生还有哪些收获呢？投入和产出显然不成正比。究其原因，还是教师以课本为本，忽视学生主体地位和文本的启蒙作用。

首先，同一内容反复读背，难以激发和保持一年级学生长久的注意力和兴趣。如果突破文本的局限，将抽象的文字形象化、枯燥的知识趣味化、深奥的道理通俗化，适时引入《三字经》中有关孟母三迁、窦燕山教五子等故事，学生不仅产生对经典韵文的兴趣和爱好，还萌发对优秀传统文化的探索和传承。

另外，学习是一个联系整合的过程。单一的朗读，纯粹的理解，虽然可以熟悉蒙学文本，了解韵文中所蕴含的道理，但这种学习并没有内化。教学时，除了引入《三字经》中的经典故事，还可以引导学生结合生活实际比照理解，甚至拓展到课本以外的《三字经》中的其他语句。

引入经典故事，结合生活实际内化，都能够突破以课本为本的狭隘，比单纯说教和死记硬背要有效得多，不失为学习蒙学韵文的可行办法。又如《索溪峪的"野"》：

（一）粗略快速地浏览课文，了解文章大意，初次感知索溪峪的"野"。

（二）阅读交流：索溪峪的"野"具体表现在哪几个方面。

（三）结合学生汇报，逐一分析山野、水野、人野、动物野的场景，体会作者是怎样表现"野"的，并适时理解"返璞归真"等词语的含义。

（四）引导学生分析行文结构，理解"概括、具体"写法的好处。

（五）总结全文，朗读课文，再次感受索溪峪的"野"。

——《索溪峪的"野"》教学环节

《索溪峪的"野"》是略读课文。本案例教学环节脉络清晰，但是教学观念传统又保守，是凭借固有经验实施的以课本为本的教学：

因为单纯以课本为本，没有考虑课程资源，所以走不出单篇教材的束缚，忽略了将单元精读课文中所习得的学习方法，包括"体会作者如何进行观察、如何展开联想和想象，表达自己独特的感受"等，迁移运用到本篇略读课文，在自读自悟、合作交流过程中去发现和感受索溪峪的"野"。

因为以本为本，所以没有注重联系融合，没有考虑语言文字的实践应用，也就错失了在品味优美语言，在朗读、评点、练笔等语文实践活动中不断积累和丰富语言的机会。

因为以本为本，以教师分析代替学生实践，没有考虑学生的潜能和创造，没有关注学生已有的知识经验与生活经历，学生自然不会走出课本走向生活，不会从不同角度观察与体会景物的特点，以达到学语文用语文的效果。

以本为本观念的影响下，教师重视文本，重视教学流程，忽视学习主体，淡化随机生成，课堂变得沉闷、狭窄和僵化，以至于基本的教学目标都难以实现。

这种现状亟待改变。

二、狭隘封闭，禁锢发展

老鹰抓小鸡的游戏我们再熟悉不过。母鸡为了保护小鸡，总是站在小鸡的最前面。小鸡视线模糊，虽然脚步加紧跟随，但受制于母鸡，终究被老鹰捕获。这个有趣的例举，形象地描述了狭隘封闭的课堂教学现状。这样的课堂，教师约束着学生的思想和灵魂，禁锢着学生身心的发展。受制于禁锢的学生，个性难以张扬，灵性无以抒发，自主研读和独立探究匮乏，难以获得长足地发展。

有学员教师执教教育部编义务教育语文教科书二年级下册《彩色的梦》，在向学生介绍作者高洪波时，直接采用 PPT 投放其简介：

高洪波，笔名向川。内蒙古开鲁人。中共党员。1988 年毕业于北京大学中文系。《中国作家》副主编，《诗刊》主编。中国作家协会全国委员会委员。1971 年开始发表作品。1984 年加入中国作家协会。

教师原本想呈现一种开放的教学态势，为学生提供书本以外的信息，帮助学生拓宽视野。但是，当学生齐读资料以后，教师并没有组织学生开展有效地延伸与探讨，只是蜻蜓点水般地过渡到下一个环节。看似开放的教学，依旧囿于陈旧的狭隘与封闭之中。难怪课后笔者调查学生对高洪波的印象，学生所反馈的也只是只言片语。

当然，学生的反馈效果与提供资料的效度有关。如果作者在简介中提供有"男孩子们，女孩子们，你们都来喜欢诗吧，因为和诗做朋友是一件快乐的事情"，孩子们会对诗感到特别亲切。如果再加上"彩虹可以当滑梯，在这个世界里，西瓜大得像幢楼，一个又一个的大西瓜，住进了许多胖娃娃"来烘托，孩子们能感受到想象的无穷力量，从而产生去观察去探索的愿望。而这，正好与《彩色的梦》教学意图殊途同归。可见，材料的来源与效度，也取决于教学是狭隘封闭还是开放多元。

此外，如果教师拥有开放的意识，在课前鼓励学生搜集作者的相关故事和作品，适时加以分享，课堂会成为教师、学生、文本和作者之间深度对话的生命场。甚至，学生意犹未尽，还会在课后自觉去阅读其他感兴趣的作品。

教学不应该是凝固的、封闭的，应该是学生参与状态下的动态生成与发展。同是《彩色的梦》，如果狭隘封闭，学生获得的只是脚尖滑过的地方——颜色变了，大森林变了。如果敏锐地抓住诗歌中的文眼"聊天"和"精灵"，引导学生由此想象小精灵们在铅笔盒里会聊些什么，它们还会去到哪里，发生什么样的故事。学生的思绪便会挣脱书本，跨出校园，迈向生活，在创编故事的天地间自由驰骋，绽放着突破书本之外的环保、关爱、和平等其他多彩的主题。

三、枯燥乏味，削弱实效

语文是一门重要的基础学科，也是一门妙趣横生的人文学科。小学语文新课程标准指出，语文肩负着培育学生热爱、理解和运用祖国语言文字、培养健康情感和健全人格的重任，具有工具性和人文性统一的特点。

知之者不如好之者，好之者不如乐之者。学习语文的前提是兴趣和爱好。枯燥乏味和僵化封闭一样可怕，并不适合富有好奇心和求知欲的学生的发展需求。

汉语拼音本身是枯燥无味的。教师如果充分把握学生心智年龄特点，联系生活实际，构建富有情趣的课堂，化枯燥无味的字符为可观可感的生活形象，学习活动将会像磁石一样牢牢抓住学生的心。例如，教学韵母"ɑ o e"，可以根据书中的插图组织学生编说故事：

太阳出来红通通，公鸡抬头"o o o"叫，小朋友们和小动物们都起床了。你瞧，妹妹扎着羊角辫，在小河边"ɑ ɑ ɑ"，她在练嗓子呢！大白鹅浮在水面上，高兴地看着自己的倒影，"e e e"，它好像在跟我们打招呼呢！早上，妹妹"ɑ ɑ ɑ"，公鸡"o o o"，大白鹅"e e e"，这些声音真好听！

用创编小故事的方法帮助学生识记字母，不仅激发学习兴趣，还加深对字母的印象。在情境中学习，教学效果事半而功倍。

学员教师执教部编版一年级下册《雨点儿》，以视频导入新课，学习生字词后，组织指名读、同桌互读、师生合作读、分角色读等形式多样的专项朗读训练：

大雨点儿问小雨点："你要到哪里去？"

小雨点儿回答："我要去有花有草的地方。你呢？"

大雨点儿说："我要去没有花没有草的地方。"

……

朗读固然重要，但是物极必反。一遍又一遍地朗读，即使形式再新颖，也会变得枯燥乏味，削弱教学效果。

其实，《雨点儿》本身蕴藏神奇而又有趣的故事，需要教师具有课程资源意识，引导学生去发现去开掘。在朗读课文的基础上，如果引导学生揣摩两个雨点儿在空中对话时的心理活动、神态表情，想象将要发生的故事，学生以课堂主角的身份或描述或表演，课堂面貌将如同清风拂面，月光泻地，满是意想不到的效果，别有一番风味。

低年级的字音、字形、字义教学是重点。如果在教学过程中有意识地穿插一些有趣的汉字故事，课堂会变得富有情趣。

《我要的是葫芦》是部编版二年上册文本，关于"谢"字的教学，教师推陈出新，引入与"谢"相关的小故事：

明朝有位大官叫解缙，他才思敏捷，很有学问，每天都陪着皇帝一起读书。转眼间几年过去，解缙十分想念亲人，便向皇帝请求："皇上啊！我好久没回家看望亲人了，请让我回家看看吧！"皇帝舍不得放他走，就故意为难他说："这样吧，我给你出个上联，如果你能对出下联，我就准你回家！"这上联是"十口心思，思妻思子思父母。"没想到聪明的解缙才走了两步，就答道："言身寸谢，谢天谢地谢君王。"

谢缙的下联对得十分巧妙，既讲述"谢"的构成，又表明"谢"的含义。小小的汉字故事，摒弃以往单一乏味的识字教学弊端，让学生在轻松愉悦中感受汉字"一字多义"的魅力，激发了对祖国语言文字的热爱。

以本为本、忽视学生主体地位、狭隘封闭、枯燥乏味等现状，并不是学员教师单独存在的个案。教学思想守旧、教学语言干瘪、教学程式固化、文化底蕴浅薄等问题，影响的也不仅仅只是当下的某一个或两个课堂。不用刀削斧劈式的剖析，诸如此类的教的问题，对学生学习语文的情感态度、知识技能、过程与方法，乃至师生的共同成长，所产生的影响也许就是一辈子！

事实上，教师都渴望自己能够迅速成长，是拥有发展需求的。

前行的路上，遇山开山，遇水蹚水，所向披靡是语文人应有的勇气和担当。故事语文教学以生为本，开放联系，发展传承，直面教学思想守旧、教学语言干瘪、教学程式固化、文化底蕴浅薄等问题。其香以嗅，撷其颖以玩。从教的问题中突围，或许故事语文教学就是一个方向。

第三节 前人探索启示

故事，作为常见的文学样式，侧重于事件发展过程的描述和再现。

在生产力低下、认识有限的极端条件下，人们以幻想的方式表达愿望和憧憬，以认识天地自然和社会生活。那时候，故事便成为人们探索未知的重要窗口。

后来，因为与人们的生产劳动、日常生活、精神文化紧密联系，故事成为记忆和传播文化传统、价值观念的重要载体，引导着社会性格和习惯的形成。

因为故事是通过叙述的方式讲述带有寓意的事件或者是陈述往事，加之语言富于生动性，表达通俗易懂，因而越来越受到人们的青睐。

一、先哲圣贤应用故事

（一）古希腊哲学家用故事传播思想

古希腊时期，苏格拉底在教育弟子时，常常采用对话形式，通过短小的故事传播思想。有这样一则故事：

有一天，古希腊大哲学家苏格拉底和一位老朋友在雅典城里散步，一边走一边愉快地聊天。忽然有位青年用棍子打了他一下，跑了。他的朋友见了，立刻回头要去找那个家伙算账。但是苏格拉底拉住了他，不准他去报复。

朋友说："你怕那个人吗？"

"不，我绝不是怕他。"

"人家打了你，你都不还手吗？"苏格拉底笑笑说："老朋友，你糊涂了，难道一头驴子踢你一脚，你也要踢他一脚吗？"

心底无私天地宽。拥有阔大的胸怀，方能吞吐日月，收放自如；太计较个人荣辱得失，人生之路越走越窄，左右无援。作为大教育家的苏格拉底，并没有直接向学生讲述道理，而是运用智慧通过故事传播思想。

苏格拉底的教育方式深深地影响着他的弟子们——柏拉图以及柏拉图的弟子亚里士多德，他们都是运用这种方式传播思想和观点。柏拉图在关于"人的教育"中阐述故事的价值，认为好的故事能够激发学生的坚毅、快活和勇敢，产生良好的道德教育效果。

（二）中国古圣先贤用故事讲学游说

春秋时期，孔子周游列国以讲故事的方式启发学生明晰道理。

战国时代，百家争鸣，游说之风十分盛行。像孟子这样的名士也采用故事来比喻讽劝执政者。《孟子·告子》中有这样一段记载：

孟子对齐王的昏庸、做事没有坚持性、轻信奸佞谗言很不满，便不客气地对他说："王也太不明智了，天下虽有生命力很强的生物，可是你把它放在阳光下晒了一天，再放在阴寒的地方冻了它十天，它哪里还活得成呢！我跟大王在一起的时间很短，大王即使有了一点从善的决心，可是我一离开你，那些奸臣又来哄骗你，你又会听信他们的话，叫我怎么办呢？"

庄子也非常会讲故事。因为独具特色的表达方式，常假托于故事人物阐述道理和主张，《庄子》成为中国古代典籍中的瑰宝。

无论是古希腊先哲们采用故事传播思想，还是中国古圣先贤讲学游说，虽然没有明确提出故事教学法的概念，但他们的教育行为方式都隐含了故事教学的方法。

二、专家学者研究故事

到了近代和现代，研究和应用故事教学的专家学者越来越多，进一步丰富和发展故事教学的内涵。

最早在教育研究中明确使用"故事法"的是著名儿童心理学家和教育家皮亚杰。为了研究儿童道德判断，他利用讲述故事的方式向儿童提出有关道德方面的两种难题，引发儿童道德观念的冲突，推动儿童道德认识和道德判断向更高的水平发展。这种"对偶故事法"在当时广为流行。

英国教育学家 Andrew Wright 是故事教学法的主要代表人物。他认为，"故事对于孩子的成长非常重要，故事能够帮助孩子理解周围的世界，并且能与别人分享自己的感受。"他用故事教学法教授英语，获得极大成功。

英语教育专家威廉·史密斯把故事教学作为一种教学策略进行实践研究，拓展了故事教学在学科教学中的应用范围和价值。

美国卡耐基梅隆大学著名学者 R.C. 斯坎克最早提出"故事中心课程"。故事中心课程是情境语言教学模式发展的新尝试，它重视情境的作用，让学生在模拟的情境中开展故事教学法课程的实践，激发了学习兴趣，提升了理解和记忆词汇的能力。

国内，陈鹤琴教授较早使用故事教学法，在南京鼓楼幼儿园对语言故事的教学本身进行故事教学实验研究。余外，其他人的研究主要集中在中小学英语教学领域。例如，纪玉华、许其潮和蔡寒松研究"三文治故事教学法"在英语课堂中的应用及理论问题，何琼辉研究故事教学法培养学生英语听说能力，史晓华、李蓉研究和评述故事教学法与幼儿各教育领域的有效融合问题……

国内外专家学者对故事教学的研究与应用，促进了故事教学的蓬勃发展。

三、前人研究经验启示

（一）需要科学的理论支撑

国内外专家学者对故事教学的研究与应用，虽然研究对象、领域各有侧重，但贡献了宝贵的教学方法和教学模式。但是，再好的教学方法，都需要科学的理论予以支撑。

故事语文教学立足人的发展，它的产生基于建构主义学习理论、多元智能理论、新教育实验理论和全语言教育理论。

建构主义学习理论。建构主义认为，知识不是通过教师传授得到，而是学习者在一定的情境即社会文化背景下，借助其他人的帮助，利用必要的学习资料，通过意义建构的方式而获得。建构主义学习理论启示我们，应该创设一定的情境，把学习主动权交还学生，引导他们去阅读、表达、欣赏、想象和创造，实现新的发展。

多元智能理论。加德纳认为每种智能独立存在，每个人与生俱来都拥有多种智能。多元智能理论对故事语文教学有着重要的启示和参考意义。一方面，要改变以往的学生观，把差异性当作宝贵的资源，用发现赏识的目光重新定位每一位学生都是一个天才。另一方面，要改变教学行为，更多地从关注学生、开发潜能、促进全面发展的角度考虑问题，用多种方式发展学生的能力。

新教育实验理论。新教育实验理论希望从知识的人本化和学习的人本化出发，引导每一个人发展个性，展现自我，最终把人"还原"为"人"，达到人的"自我实现"。落实到故事语文教学中，就是确立学生主体地位，唤起主体意识，增强自信心。

全语言教育理论。全语言教育理念认为，语言的学习不仅是听、说、读、写的学习，还要跟社会环境等其他学习相联系，才能使学习不仅体现在语言的进步上，还要在思想意识等方面也得到发展。借鉴全语言教育理论，故事语文教学应该践行开放的语言教学，实现课堂内外的融通。

（二）拓宽应用的学科领域

从前人的研究情况来看，先哲圣贤们多用故事传播思想，讲学游学。到了近代和现代，故事教学研究虽然逐步聚焦于教育教学领域，但也局限于英语教育、幼儿教育，而且研究的主体主要是高校的专家学者，一线教师开展的研究少之又少。

故事语文教学从实践中来，还回到实践中去。它基于教师教的问题和学生学的问题，是新课标理念下语文教学的有益探索，是实施语文课程的具体化行为，拓宽了故事教学的领域，丰富了研究的内涵。

（三）丰富实践运用的策略

皮亚杰的"对偶故事法"在引发儿童道德观念的冲突，推动儿童道德认识和道德判断向更高的水平发展方面起了重要的作用。R.C. 斯坎克的"故事中心课程"让学生在情境中开展故事教学法课程实践，激发了兴趣，提升了理解和记忆词汇的能力。纪玉华教授研发的"三文治故事教学法"，以母语夹着外语，通过讲故事的方式教外语，符合学生兴趣和认知发展水平，在当时也具有一定的战略意义。

但是，前人故事教学的运用手段还是比较单一，主要是注重和营造故事的趣味和情境。受其启示，故事语文教学在实践操作层面将大胆探索，以实现师生的共同成长。

（四）构建完整的课程体系

先哲圣贤们的教育行为，隐含了故事教学的方法。皮亚杰、Andrew Wright、威廉·史密斯、R.C. 斯坎克、陈鹤琴、纪玉华、许其潮和蔡寒松等专家学者研究故事教学，还只是关注故事教学法本身，是一些个体的探索与实践行为，还没有上升到教师、学生、课堂与课程的高度，有待进一步探索实践。

故事语文教学将从教学法的层面挣脱，站在课程的高度，逐步研究和探索故事教学的原则、路径、课型、策略和评价，初步构建一个完整的课程体系。

中国是一个故事的国度，历史悠久，传统文化根基深厚，童话、神话、寓言和民间故事、历史故事和古文故事伴随并熏陶着一代又一代中华儿女的成长。历史发展到今天，故事不但没有过时，相反，在信息技术飞速发展、快餐文化大量充斥、大人忙于工作无暇给孩子讲故事的时代，更需要我们用故事来激发学生的阅读兴趣，提升阅读、表达、欣赏、想象和创造的能力，更需要用故事文化来夯实和浸染人的心灵，促使新一代健康快乐地成长。

在国家重视发展核心素养，特区呼唤全面发展人才，课堂教学致力于学科素养培育，而经典文化又亟待传承的背景下，我们借鉴前人经验，踏上了一条教学研究与探索实践的路。

于此，故事语文教学应运而生。

第二章 故事语文教学基本特征

> 让少年儿童领略民族恢弘的气势和美丽的姿态，绽放新时代的生命与活力，何尝不是一种传承呢？

师何润忠、姚建武、罗代国名师工作室联合研讨活动

第一节　基于生本的教学

故事语文教学是核心素养培育背景下，以故事为载体，通过读故事、讲故事、欣赏故事、创编故事和展演故事等途径，激发生命力量，激活学生思维，提升学科核心素养，传承优秀传统文化精髓，实现师生共同成长目的的语文课程行为。

故事语文教学将听、说、读、写等语文能力渗透在儿童喜闻乐见的故事形式之中，符合儿童认知心理和成长规律。它涵盖教师、学生、课堂和课程等方面，是课程改革背景下语文教学创新的具体化行为和有效探索。其核心理念是以学生生命的表达、情感的交流、个性的张扬为本，既关注故事教学的路径策略，又重视学习兴趣的激发、学科素养的培育。

故事语文教学敬重学生，尊重学生的兴趣爱好，尊重已有的知识经验，尊重学生的心智年龄特征，是以生为本的教学。

一、依据兴趣爱好选择读本

爱因斯坦说："对一切人来说，只有热爱才是最好的老师，它远远胜过责任感。"的确如此，兴趣激发人的好奇心和求知欲，并产生无穷的动力。许多人成功，正是因为最初的某个兴趣爱好点燃了热情，他们才主动认知、探索、实践，并在认知、探索、实践中产生莫大的满足感和成就感，以此成为自身幸福的原动力。所以，古往今来的教育家都特别重视兴趣爱好在儿童成长和发展过程中的重要作用。

儿童天生喜欢故事。自牙牙学语，故事便与儿童相伴。孩子依偎在母亲身旁，十分入神地听取各种有趣、离奇、感人的故事，以至于错过都会要求重新开始，在日复一日的倾听中打破砂锅问到底。就是这种兴趣和爱好，促使儿童思考"很久以前"，探索"无限未来"，在获得丰富情感体验的基础上，注意、感知、记忆、思考、想象等认知能力初步建立并逐渐发展。

故事语文教学实施背景下，我们依据学生兴趣爱好推荐读本。例如，一二年级主要推荐童话和绘本故事，三四年级主要推荐神话和寓言故事，五六年级主要推荐民间故事、历史故事和小古文故事。基于学生兴趣爱好的故事语文教学，增加学生的知识储备，发展他们的想象创新能力。于是，蚯蚓和蘑菇成为好朋友，小蚂蚁也有大梦想，跌在泥土里的云朵在青蛙、猴子、大雁的帮助下登上最高峰并搭乘彩虹桥重新回到了天上……儿童的天性是最宝贵的教育资源。兴趣爱好，让学生对生活和未知世界充满无限地热爱与期待！

二、根据知识经验实施教学

传统的课堂教学多以完成教学设计、走完教学流程为出发点。至于学生的学习态度、学习能力、学习方法，往往成为被忽视的对象。因为这样，教学呈现形式化、统一化、低效化态势，影响着学生的个性化发展和全面发展。

故事语文教学尊重学生的心理和认知规律，改变以往课堂教学唯分数唯成绩的偏见，根据学生已有的知识经验实施教学。教学《晏子使楚》，教师设置以下环节：

（一）猜想：晏子访问楚国可能会遇到哪些麻烦。

（二）初读课文，理清晏子受到的侮辱与结果，并以晏子的口气给齐王写一封信，真实地反映当时在楚国被侮辱的情形。

（三）有人说"英雄豪杰，必相貌绝伦，雄伟无比。而今相国您，身高不足五尺，手无缚鸡之力，只是徒逞口舌之利的说客罢了。单单依靠口舌，而没有实际的本领和智慧，欺世盗名，不感到可耻吗？"探讨：晏子到底有没有实际的本领和智慧？

（四）"称锤虽小，能值千斤；舟桨虽长，不免为水浸没。商纣王勇武绝伦，不免身死国亡，为什么呢？我承认自己并无出众的本领，愧居相位，却绝不是与您逞口舌之利，只是问有所答罢了。"结合晏子的反击，评价晏子出使。

（五）给晏子点赞，模拟齐王口气写颁奖词。

——《晏子使楚》教学环节

本教学环节中，教师安排了两个不同寻常的实践活动，一个是"以晏子的口气给齐王写一封信，真实地反映当时在楚国被侮辱的情形"，一个是"给晏子点赞，模拟齐王口气写颁奖词"。这两个活动的设置并不是想当然，也不是空穴来风，而是有着这样的考量：

学习《晏子使楚》时，学生已经接触过书信，也在电视上观看过"感动中国"颁奖大会。因而，在理解课文内容、把握楚王和晏子形象的基础上引导学生写作书信和创作颁奖词，是借用以往的知识经验来提升学生的语用能力。而这种运用，是一个感悟、内化和创造的过程。又如《铺满金色巴掌的水泥道》：

教师：一夜秋风，一夜秋雨。大家想象一下，"一夜秋风一夜秋雨"之后会是怎样的景象？

学生：秋风扫落叶，树木的叶子掉落一地，有榕树叶，紫荆叶，凤凰木树叶，还有大片的芭蕉……有些我也说不出名字。这些树叶，要么掉落在草丛中，要么粘在湿漉漉的人行道上。

学生：不只有树叶。勒杜鹃花都被打落了，地上全是花瓣，好可惜。

教师：你们不仅说出了树叶和花的名字，还分享了秋风秋雨后的感受，很会观察。

学生：我觉得秋风秋雨之后，整个感觉都变了。你看，碗口大的榕树都倒了，横在马路上；地上湿漉漉的，铺满了大大小小的树叶和花瓣，还有掉落的树枝……好像是世界末日一样。

教师：能够结合刚刚过去的台风谈自己的发现，真了不起！

……

——《铺满金色巴掌的水泥道》教学片断

本片断中，教师安排学生想象"一夜秋风一夜秋雨"的景象，也是依据学生已有知识经验。一方面，身处深圳，学生对身旁的花草比较熟悉。另一方面，台风"山竹"刚好过境深圳，威力有多大，大家记忆犹新。

根据学生已有知识经验实施故事语文教学，使学的过程变得简单，轻松，有实效。

三、比照能力素养开展活动

故事语文教学虽然敬重学生，但是并不追求整齐划一，而是比照学生能力素养组织相关教学活动。例如，教学《惊弓之鸟》，教师设置以下几个环节：

（一）课前讨论：全国射箭能手应该具有什么样的本领？

（二）阅读反馈：更羸算不算"全国射箭能手"？

（组织学生熟读课文，了解更羸把鸟"射"下来的经过，并交流反馈更羸是否能算"全国射箭能手"。）

（三）对比辩论：更羸能算"全国射箭能手"吗？

1. 引入李广射虎和小李广花荣百步穿杨的故事。辩论：相比李广和花荣的本领，更羸能算射箭能手吗？

2. 归纳小结：不用箭就能把鸟弄下来，更羸是名副其实的射箭能手。

（组织学生熟读课文，查找相关语句，用事实来证实更羸连箭都不用射就能把鸟给弄下来，是一个"会观察，会推理，会思考"的射箭能手。）

（四）深化认识：理解惊弓之鸟的寓意。

——《惊弓之鸟》教学环节

以上几个教学活动，环环相扣，能够帮助学生有效认识更羸的形象，发展语文能力。但是，一个包含讨论、质疑、辩论等过程的教学活动，是否能够调动所有学生积极参与呢？答案是否定的。因此，故事语文教学比照学生能力素养水平，分层次引导学生认识更羸的形象，理解故事的寓意：

（一）对于基础薄弱的学生，要求学生熟读课文，将课文读通读顺，了解故事主要内容，理解故事寓意。

（二）对于中等水平的学生，在熟读课文基础上，能够复述故事情节，初步参与质疑活动，理解故事寓意。

（三）对于能力素养较强的学生，则组织他们在复述故事、参与质疑活动的基础上，积极地投入到探讨、辩论、发现活动中，既理解寓意，又能够学以致用。

有的复述情节，有的投入质疑，有的全程参与，分层教学的背后，学生朗读能力、质疑探究能力、理解运用能力都有不同层次及个性化发展。

四、参照成长实际发展能力

故事语文教学从传统文化中来，深入学生的灵魂和内心深处，激发和促进了学生的成长。教学实践中，教师往往参照学生实际，有侧重地发展学生的能力。比如，教学《北京的春节》，教师设置如下环节，有意识地发展学生的实践能力：

（一）播放背景音乐《恭喜》，唤起学生对春节的记忆，为学习课文打下情感基础。

（二）初读课文，按时间顺序填写"北京春节民俗活动"表格，初步感知北京春节的整体印象。

（三）研读课文，从"腊八、除夕、正月初一、元宵"等节日中选择一个并交流过节的习俗，感受北京春节的特点。

（四）聚焦逛庙会习俗，邀请来自北方的同学具体描述当时的场面，或者组织观看逛庙会视频，感受北京当地喜庆热闹的过节氛围。

（五）开展"请到我老家来过节"语文实践活动：

1.回忆老家春节的特点，以导游身份介绍当地的风俗习惯。

2.访问当地老人，具体了解老家清明、端午、中秋、重阳等节日的风俗习惯。

3.搜集整理信息，从比较熟悉的节日中选择一个，绘制"请到我老家来过节"

专题手抄报，或编写一份调查报告，或制作一份配备语言文字介绍的电子相册，展示老家过节的风俗习惯和隆重场面。

——《北京的春节》教学环节

以导游身份介绍，调查了解风俗习惯，发展的是学生的口语交际能力；编制手抄报，编写一份调查报告，发展的是学生搜集信息整理信息的能力。五个环节当中，教师侧重于实践活动，是因为发现学生动笔能力优于表达能力，应试能力强于实践能力，于是在教学设计时有意识地发展学生的实践能力。

在故事语文教学效果呈现的过程中，我们往往也是参照学生成长的实际情况，有针性地开展相关活动，锻炼学生各种学习能力。比如，一年级学生讲故事的能力参差不齐，年级组在"班级讲故事比赛"的基础上，推出"年级讲故事擂台赛"，有效地促进学生表达能力的发展。二年级学生缺乏自信，但合作能力、语言表达能力和表现力比较强，于是年级组组织了大型的"年级故事汇演"。三年级更是推进一层，结合吟诵、表演、歌唱等表现形式，举行一场别开生面的"品味端午，传承文明"的主题活动……

故事语文教学尊重学生是富有生机的生命个体。因而，教学实践中依据兴趣爱好选择读本，根据知识经验实施教学，比照能力素养开展活动，参照成长实际发展能力，是基于生本的真人教育。

第二节　基于传承的教学

语文教学应该培养具有语言深度和思想高度的人。因此，我们不能单纯地成为语文知识的传授者，而应该在传授知识、发展能力的同时，挖掘文本中蕴含的深层次的东西，包括思想和精神，以合适的方式传递并影响学生。

中华文化，浓缩了上下五千年文明的精华，包含着民族生存发展的大智慧。故事语文教学虽根植于课堂，但它缘起于祖国灿烂的故事文化。引导学生阅读文化长河中的经典故事，发现童诗歌谣中的童真故事，发掘古文诗词中的传统故事，探寻成语警句中的起源故事……讲述、品读、欣赏、评价、编写、展演，与故事同行，激发的是学生对经典的兴趣，提升的是听说读写的能力，发展的是阅读、表达、欣赏、想象和创造的语文素养，传承的是语文精髓和思想智慧。

从这个角度来讲，故事语文教学是传承的教学。

一、汲取精神营养

科学技术日新月异，人类进步一日千里。物质文化高度发展的今天，人们不可以或缺自己的精神寄托，也不可以没有共同的"精神家园"。优秀传统文化已经成为中华民族的基因，我们应该将其传承。作为祖国未来的少年儿童，更应该从中汲取精神营养，以夯实基础浸染心灵，增强民族自信心、自豪感和凝聚力。

童话故事、寓言故事、神话故事、民间故事、历史故事和小古文故事是重要的故事文学样式，具有独特的时代特征和文化内涵，反映着先人的思想、情感、认知和智慧。阅读和欣赏这些故事，将是一次精神洗礼、思想升华的过程。

自强不息、奋发向上的故事催人奋进。不说车胤夏天以练囊装萤火虫照明、孙康冬天利用雪光照射来发愤学习，也不说孙敬苏秦头悬梁锥刺股、匡衡凿穿墙壁引邻舍烛光来苦读，单是晋代祖逖和刘琨每天鸡叫后起床练剑报效国家的故事，就让人心生鼓舞。包括遭受宫刑仍然坚持完成历史巨著《史记》的司马公，他们的故事都如一盏盏明灯，激励着我们奋发图强，自强不息。

心系百姓，勇于担当的故事传递责任。为了解救处于水生火热中的人类，女娲冒着生命危险寻遍千山万水，冶炼五天五夜，终于补上垮塌的天空。为了帮助人们脱离苦海，大羿翻高山蹚大河射杀天帝的九个儿子，使大地重新焕发勃勃生机。为了帮助百姓去除疾病，神农氏不顾危险尝遍百草，遇断肠草而去世。为了天下苍生免遭洪水祸害，大禹治水三过家门而不入……神奇的故事，熠熠生辉的形象，连同那份以拯救天下苍生为己任的担当，无不深深地感染着学生，使他们明晰担当的伟岸和责任的价值。

奋勇拼搏，不屈不挠的故事启示坚强。惩山北之塞，出入之迂，年且九十的愚公尚且不畏艰难，叩石垦壤，箕畚运于渤海之尾，感动天帝而将太行、王屋二山挪走。炎帝之少女游于东海，溺而不返，化为精卫鸟后衔西山之木石以堙于东海而不停息。出使匈奴被扣留，苏武宁死不屈，情愿牧羊十九载也不投降匈奴……寓公移山之志，精卫填海之举，苏武牧羊之节操，彰显古代劳动人民的信心和毅力，闪耀着中华儿女奋勇拼搏、不屈不挠的志气，宣告着中华儿女自古以来就是顶天立地的！

齐心协力，顾全大局的故事教导团结。为了国家利益，蔺相如遇见廉颇宁愿避让而不冲突，廉颇"先国家而后私仇"，放下私怨负荆请罪，将相共同演绎一段顾全大局的历史，赢得"海纳百川，有容乃大；将相和，平天下"的美谈。诸葛孔明明知周瑜让他三天督造十万支箭是一个意在坑害他的陷阱，但为了孙刘联合抗曹的大局，他还是愿立"三日不办，甘当重罚"的军令状。将相的胸襟，诸葛孔明的格局，教导着当今的学生，团结凝聚才是发展之根本，壮大之基石。

追求真理，探索未知的故事促人思考。盘古开天辟地、羿射九日，体现古人对天地、太阳产生原因的最初思考。嫦娥偷药奔月、女娲炼石补天反映人们对星辰的崇拜与分布见解。夸父持杖逐日、两小儿辩日远近，则表现人类对光明的向往与探索。神话也好，小古文也罢，故事将促使学生思考，质疑，积极主动地探索未知。

此外，童话故事、民间故事、历史故事、小古文故事中还有表现人们勤劳善良、机智聪慧等品质的故事。这些，都是学生成长过程中重要的精神养料。

二、习得文学精髓

作为文学体裁的一种样式，故事强调情节的生动性和连贯性，侧重于事件发生、发展过程的描述，除小古文故事外，一般的故事语言都比较通俗易懂，适合于口头讲述。又因为注重情节的推动和进展，故事一般不需要通过过多的心理描写和语言描写来刻画人物形象，也较少通过繁复细腻的景物来烘托气氛，往往是直接叙述。另外，故事涵盖童话、寓言、神话、民间、历史和小古文等各种样式，因而表现手法呈现多样性。

故事文学对后来的文学发展起到奠基和引领作用。归结起来，我们可以从故事文学中习得以下表现手法：

借鉴口语表达。除小古文故事外，其他几种故事样式都是运用朴实的语言文字来介绍和推动情节的发展。口语化的语言，干净利落，表意直白，吻合人们的日常生活交流，也符合学生理解运用的实际，为学生日常交往、写作提供了较好的表达蓝本。

借鉴想象夸张。想象和夸张是童话、寓言和神话故事、民间故事中常用的表达方式。远古时期，人们借助想象认识自然，探索未知领域，创造了许多奇妙的故事，实现了不少奇特梦想。今天，借助想象，我们可以丰富情节，补充留白，创编故事，使许多的奇思妙想落地生根。运用夸张，将提升表达的效果，增强语言文字的表现力。

借鉴反复结构。童话、寓言、神话故事中常采用反复结构。《小猴子下山》《拔萝卜》《蜘蛛开店》《青蛙卖泥塘》《西游记》等故事中反复结构的运用，不但没让人感觉繁琐冗沓，反而增强了情节的趣味性、幽默性，发挥了意想不到的效果。这对学生习作具有很大的启示意义。

借鉴故事说理。童话、寓言、神话和民间故事、小古文故事往往通过一个故事来寄寓一个道理，或者是表达某种价值取向。这种表现讽刺批评或者颂扬赞美的手法非常高明，它启示学生关注作文选材的典型性，表现主题的委婉含蓄，以及二者的关联。

借鉴故事刻画人物形象。纵观故事文学，无论是童话、寓言、神话还是民间故事、小古文故事，都较少有具体详尽的外貌描写、神态描写、心理描写和环境描写，甚至动作描写也十分简洁，多通过故事事件来刻画人物形象，表现人物性格。从这个意义上来说，用故事来刻画人物形象有助于学生从整体上把握文本。

此外，小古文故事语言的典雅古朴，民间故事情节的生动曲折，历史故事细节的刻画，对学生的表达能力与运用能力都将产生一定的积极影响。

三、实现开拓创新

2011 年，能讲述 1000 多个民间故事、被誉为"东方的天方夜谭"的民间故事家谭振山走了。2012 年，民间故事家靳景祥、民间故事国家级代表性传承人何钧佑因病也先后离世。伴随着一位位具有超凡记忆力和讲述口才的故事家纷纷离世，在一个快餐文化充斥、父母忙于工作而无暇引领孩子读书读故事的环境下，我们不禁要思考，故事文化该怎样传承？

课堂是传承的主阵地！而且不限于读故事、讲故事。创新是最好的传承方式。

补白情节，续写后续发展，改编故事样式，将故事与写作结合起来，是对故事的补充和拓展，实现读、写两条腿同时走路。

发现童诗歌谣中的童真故事，发掘古文诗词中的传统故事，探寻成语警句中的起源故事，优化教学环节，提升课堂教学效率，是对故事作用的有益探索，提升了故事在语文教学中的地位和价值。

讲演故事，诵读小古文故事，表演课本剧，融合音乐、美术、戏剧、表演等艺术形式，使单一的故事形象化、立体化，丰富了故事的内涵，促进了故事的发展。

……

虽然曾经的故事村没有了，几位优秀的故事家也走了，但是，在故事语文教学环境下，孩子们读故事，讲故 事，评故事，写故事，演故事，有可能成为传承故事的后人，延续故 事文化并发扬光大。

故事语文教学打开的是一扇窗，引领学生汲取优秀传统故事中的精神营养，习得童话、寓言、神话、民间故事、历史故事和小古文故事的表达精髓，并在实践中开拓创新，让少年儿童领略民族恢弘的气势和美丽的姿态，绽放新时代的生命与活力，这何尝不是一种传承呢？

第三节　基于发展的教学

教学改革是一场教学思想、教学理念、教学方式和教学行为的变革。教学改革为师生的发展提供难得的成长机遇。

作为课程改革背景下语文教学创新的具体化行为和有效探索，故事语文教学聚焦于师生的共同发展：

更新教育教学观念，实现课外阅读、课上教学、课后拓展环节的统领融合，改变现有课堂教学"程式固化、封闭生硬"的弊端，构建开放灵动的语文教学新课堂。

引导学生主动积累、自觉表达、自由想象、自发创造，去除"唯书本为本、唯分数为本"的狭隘学习思想，全面提升阅读、表达、欣赏、想象和创造等语文学科素养，为终身学习奠定基础。

改变年轻教师"只教学不积淀、文化底蕴浅薄"的现状，促使教师和学生自觉汲取传统文化精髓，夯实学科教学文化素养，提升教育教学研究能力，走上教师专业化成长道路。

一句话，故事语文教学的本质在于促进人的发展。

一、培养阅读兴趣

故事语文教学以故事为载体，通过读故事、讲故事、欣赏故事、创编故事和展演故事等途径，提高语文能力，提升语文素养。

课前三分钟故事分享环节，看似简短，实则触动学生的心灵——因为是个人自主阅读，学生一般都会花费大量的时间去寻找课外故事，希望自己所分享的作品是新奇的，是与众不同的，能够使人眼前一亮。同时，毕竟是个人分享，是难得的展示机会，所以他们格外珍视，不会轻言放弃，而是反复阅读，包括熟悉情节，加入想象，配以动作，内化故事语言，以求以最好的状态展现在师生面前。尤其是讲到某首诗、某篇文章、某个人物，或者是一个成语、一句名言或是一句俗语的时候，如果能够调动课外阅读经验，灵光一现地说出相关故事，必定会受到教师和同伴的赞许。这种成就感和兴奋感又反过来促使学生继续阅读，使兴趣更加浓烈并保持成为一种主动的持续的阅读习惯。

欣赏故事、创编故事、展演故事环节，更能够激发学生对故事的热情。欣赏故事，除了了解故事，可以借助故事对情节、人物、环境、语言、主题等进行鉴赏，表达自己的独特见解。创编故事，可以依据原有的故事大胆补白情节，想象后续发展，或者是改编成其他样式的文本。欣赏和创编，则更多地融入个性，发挥创造。特别是展演环节，学生不仅是编剧、导演还是演员，他们围绕故事情节和人物形象，安排角色，设计动作，选择音乐，布置背景，调度人员……极大地发挥了创造性和能动性。就是这样的评价欣赏、想象创编、自编自导自演，学生对故事语文的热爱将提升到一个新的高度。

读故事可以储备，讲故事可以提取，欣赏故事促进审美评判，编写故事激励发展创新……故事语文教学，给予学生无限的动力和兴趣，开启了自觉阅读之门。

二、提高审美情趣

新课标指出："阅读是学生的个性化行为，应引导学生钻研文本，在主动积极的思维和情感活动中，加深理解和体验，有所感悟和思考，受到情感熏陶，获得思想启迪，享受审美乐趣。"故事语文教学能够提高学生的审美情趣。

（一）感受人物形象美

故事多以塑造人物形象为中心。离开具体生动的人物形象，审美就会失去依托，成为断线飘摇的风筝。教师引导学生对人物的语言、动作、神态和心理进行品味，将引领学生逐步融入人物内心，感受人物形象。部编版二年级上册《雪孩子》讲述了小白兔勇救雪孩子的故事：

> 下雪啦！兔妈妈堆了一个漂亮的雪孩子。可爱的雪孩子陪小白兔玩，给小白兔带来了欢乐。小白兔的家着火了，勇敢的雪孩子从大火中救出了小白兔，自己却化成了一朵白云。

动人的童话故事，让学生感受到善良品质的高贵。以至于雪孩子化成一朵白云，在孩子们的心目中都是很美很美的。正是这些故事人物形象，提升了学生的审美能力和审美情趣。

（二）认识情节构思美

典型的形象，给人以启迪。曲折的情节，往往带人进入离奇的胜境。欣赏故事情节，我们品味写作技巧，领会作者的艺术匠心——平淡的情节，娓娓道来，波澜不惊；曲折的情节，出乎意料，引人入胜；跌宕的情节，惊涛拍岸，震撼人心。不同类型的情节呈现着不同的构思美，产生着别样的审美效果。例如部编版五年级上册《牛郎织女》的情节：

1. 交代故事发生的时间及牛郎的身世。

2. 讲述牛郎照看老牛很周到，老牛成了他的好朋友。

3. 牛郎与织女在湖边相识，织女决定做牛郎的妻子。

4. 牛郎织女辛勤劳动，日子过得挺美满。

5. 老牛临死前嘱咐牛郎把它的皮剥下来留待急用。

6. 王母娘娘到人间抓织女回天庭，牛郎披上牛皮追赶，被天银河阻隔。

7. 喜鹊飞来，搭建"鹊桥"，牛郎织女在桥上相会。

故事结尾，不是牛郎织女过上幸福生活，而是"王母娘娘拔下头上的玉簪往背后一划，糟了，牛郎的前边忽然出现一条天河。天河很宽，波浪很大，牛郎飞不过去了。"本以为再也没有希望见面，但又安排"每年农历七月初七的夜晚，一群群喜鹊飞来，在天河上搭起一座'鹊桥'，让牛郎织女在桥上相会。"

这种结局，几乎脱离人们的预想轨迹，使人在惊愕、遗憾、欣喜之余又不得不承认故事情节设计的合理性和可能性。慨叹之余，学生将认识到情节设计的构思之美，体会到牛郎织女情感的真挚之深。

（三）体会故事意蕴美

故事是表达思想感情和审美观点的载体，集中反映人们的理想、愿望、认识和追求。教师引导学生对故事中的人物、情节、语言、动作等进行分析，能够体会故事的灵魂之美。

人教版五年级下册《将相和》中的蔺相如，不辱使命，完璧归赵，陪同赵王共赴秦王设下的渑池之会，使赵王免受秦王侮辱；当廉颇故意刁难他时，他避让并推辞上朝。一边是蔺相如不畏强权、机智勇敢、深明大义、以大局为重，一边是廉颇负荆请罪、知错就改。文臣武将齐心协力保家卫国的品质，被传为美谈。

整个故事，置于战国大背景之下。将相和好，不只是蔺相如和廉颇之间的一个故事，而是那个诸侯争霸、战事频繁、弱肉强食时代的一个缩影，具有典型的意蕴美。

理解故事的意蕴美，可以帮助学生深入品味故事的思想内涵，感受独特的艺术魅力。

三、提升语文能力

故事语文教学落实新课标理念，着力发展听、说、读、写等语文能力，提升阅读、表达、欣赏、想象和创造等语文学科素养，为终身学习奠定基础。前面章节中已谈到"说"和"写"，这里简要说说"听、说、读"。

听，虽然是一种重要的能力，但是往往被忽视。观课或是课下访谈时，经常发现学生听的效果并不理想。尤其是同学发言、教师讲解的时候，学生的注意力最容易分散。

听的能力低下，势必影响阅读、表达、欣赏和创造等素养的提升。故事语文教学重视听，要求学生在教师、同学分享故事时集中注意力，听清主要情节，理清故事脉络，听懂故事所传递的思想感情，从而能够复述故事、欣赏故事、创编故事和展演故事。前面提到一年级讲故事比赛之所以精彩纷呈，是因为整个年级都特别重视"听"的能力的培养。

说得清晰，说得明白，说得有要点，是故事语文教学重点关注的内容。部编版二年级下册《蜘蛛开店》一文，讲述蜘蛛开店的故事，巧妙介绍河马嘴巴大、长颈鹿脖子长、蜈蚣有四十二只脚等特点。这么生动有趣、诙谐幽默、形象逼真的故事，最适合学生讲述。因而，教师先组织学生读一读，议一议，了解故事的脉络，然后利用思维导图重点指导：

蜘蛛开店前想了些什么，招牌上应该写些什么内容，来的客人会有哪些特点，结果又会怎么样？

依据要点讲述，既讲得清晰，又合乎逻辑，思维的连贯性得到相应的发展。

又比如读。读不同于讲，也不同于唱。读得清晰，读得准确，所读之人才能培养语感，准确把握故事文本，体悟作品所传递的情感和哲理。听者才会入情入境，心领神会，体悟故事的意蕴。故事语文教学注重学生读的培养，引领学生每日一读，每日一分享，听、说、读、写能力全面提升，教学效果才会明显优于对比班级。

听、说、读、写等语文能力既单独存在，又相互联系和影响。每种能力的发展，都会促进其他能力的提升。

四、促进个性发展

发展学生个性，培养创新思维，是实现语文素质教育的最高境界。作为课程改革背景下语文教学创新的具体化行为和有效探索，故事语文教学不仅能提升学生学习能力，还能促进学生个性发展。

（一）培养质疑品质

质疑，是一种可贵的品质，是学生具有创新精神和实践能力的前提。亚里士多德曾经说过："思维是从疑问和惊奇开始的。"当孩子敢于质疑的时候，他就已经具有了创新的可能。部编版三年级上册《司马光》是一篇精练短小的小古文：

群儿戏于庭，一儿登瓮，足跌没水中。众皆弃去，光持石击瓮破之，水迸，儿得活。

教学这课时，有学生提出质疑：一个小孩子跌落水中，大家应该马上来救，为什么"众皆弃去"？大家一起来救，不是更快更安全？

教师非常重视学生的质疑行为，立即引导全班讨论，明晰"众皆弃之"的原因，对比间深入体会司马光的镇定自若和机智聪慧。由此可见，珍视学生成长过程中的重要契机，把握课堂教学中最重要的突发生成资源，不但没有耽误教学时间，相反还能培养和发展学生质疑的品质。

（二）搭建创新平台

给学生一个角色，他们就会想象出一个情节；给学生一个机会，他们就会塑造出一个形象；给学生一个平台，他们就会创造出一个奇迹。

故事语文教学引导学生读故事、讲故事、欣赏故事、创编故事和展演故事，就是在不断为学生搭建表现自我的平台，以实现创新的机会。

部编版三年级上册第四单元是第一个有关"预测"主题的阅读策略单元。教材编排了三篇寓意深刻、富有童趣的故事。其中，《总也倒不了的老屋》以反复结构推进叙述，《胡萝卜先生的长胡子》省略了故事的发展，《不会叫的狗》呈现三种不完整的结局。教学这三篇文章，教师都可以从课题激趣，以后续发展为出发点，鼓励学生大胆想象，预测形态各异的故事情节。

教师搭建平台，学生就能够轻松表演。他们打开话匣子，说老屋太善良，总会乐于帮助他人，永远也不会倒下；胡萝卜先生的长胡子真是太神奇，还托起从未坐过飞机的男孩看到了高空的世界；不会叫的狗总是跟着别人学，最后真的不会像自己的兄弟姐妹们一样"汪汪"叫，迷失了自己……孩子们想象预测的过程，个性张扬，灵性抒发。

读古今故事，观千古美德。故事语文教学，培养学生具有良好的阅读兴趣和习惯，感受故事所蕴含的人物形象美、情节构思美、故事意蕴美，提升了语文能力，塑造了健全人格，促进了学生个性化成长。

除了学生的发展，教师更新观念，选择教学策略，优化教学过程，开展教育科研，夯实传统文化积淀，同样走上了自觉成长的道路。

不得不说，故事语文教学是促进师生共同发展的教学。

第三章 故事语文教学实践意义

在浩瀚的文化长河中找寻精华，常态化静心阅读，是孩子们与故事中人物同欢笑，共悲哭，齐愤激，接受文学经典熏陶感染、洗涤教育的过程。

第一节　发展学科素养

小学语文新课程标准指出："语文课程应致力于学生语文素养的形成与发展。语文素养是学生学好其他课程的基础，也是学生全面发展和终身发展的基础。"

故事语文教学不仅培养学生的语文基本能力，还注重优秀传统文化对学生的熏染，使学生的情感、态度、价值观以及道德修养、审美情趣得到提升，良好的个性和健全的人格得到培养。从育人目标、语文素养的形成与发展角度来讲，故事语文教学与新课标理念是一脉相承的。

语文素养是指学生在语文学习方面所表现出的"比较稳定的、最基本的、适应时代发展要求的学识、能力、技艺和情感态度价值观"。我们从语言的建构和运用、思维的发展和提升、审美的鉴赏和创造以及个性的培养与塑造等几个方面来阐述故事语文教学对于发展学科素养的重要意义。

一、促进语言的建构与运用

语言的建构与运用是指学生在丰富的语言实践过程中，通过主动地积累、梳理和整合，逐步掌握祖国语言文字特点及其运用规律，形成个体的语言经验，在具体的语言情境中正确有效地运用语言文字进行交流沟通的能力。

故事语文教学非常重视学生听、说、读、写能力的培养，并把语用训练当作首要任务。

实践中，教师和学生一起读故事、听故事、讲故事、写故事，听、说、读、写的能力得到锻炼和提升。听故事、读故事是语言的建构，说故事、写故事是语言的运用。在持续循环的"感知语言—理解语言—运用语言"的建构输入和运用输出的过程中，故事语言内化为学生自己的语言，语文基础得到夯实，语文素养得以提升。

教学部编版二年级上册《我要的是葫芦》，教师组织学生提前预习课文，并利用课前三分钟时间安排学生用自己的语言分享故事，实际上历经了读故事、讲故事的过程。在输入输出过程中，学生感知、建构、内化和运用语言，所获得的远不只是读故事、讲故事这么简单。

尤其是拓展延伸环节，教师巧妙地安排了续写：

如果那个人第二年又种了葫芦，他又看到叶子上爬满了蚜虫，他会怎样想怎样做呢？请续写《我要的是葫芦》。

经过课前预习、课上学习，学生已经熟知了故事，掌握了种葫芦人的心理。于是，他们依据文本的故事情节，加入自己的认知和想象，合理创编了《我要的是葫芦》后续故事：

第二年春天，他又买了种子，重新种了葫芦。他一边种一边想："这一次，我一定要种出又大又圆的葫芦！"

幼苗一天天长大，细长的葫芦藤上长满了绿绿的叶子，还开出了许多雪白的小花。花谢以后，藤上挂着好几个又绿又圆的小葫芦。多么可爱的小葫芦啊！他每天都要去看几次。

看着小葫芦越长越大，他好开心。

有一天，他正在看葫芦，突然发现叶子上爬着一些虫子。他记起了邻居对他说过的话，也想起了去年小葫芦慢慢变黄掉落的伤心事，他心疼地说："我的葫芦！我可爱的葫芦啊！"

邻居走过来，也看见了蚜虫，着急地对他说："别光盯着葫芦了，你长点记性好不好？叶子上生了蚜虫，快治一治吧！"

他说："谢谢邻居！你放心，我再也不会做傻事了。为了我可爱的小葫芦，我一定要治一治这些可怕的蚜虫。"

后来，他给蚜虫喷了农药。

到了秋天，他收获了好多可爱的葫芦。

——摘自学生续写作文《我要的是葫芦》

学生续写虽然情节不一，但能够延续故事的精彩。续写过程，基于学生对文本的理解，对情节的把握，对人物形象的认识，较好地说明了有错就改的道理，是对课文的合理深化和补充。当然，续写也是学生读懂课文、内化和重新建构语言、大胆想象和创意表达运用的结果。

案例中，无论是课前的读故事、分享故事，还是拓展环节的续写，都是通过梳理和整合，将获得的言语活动经验逐渐转化为个性特征的语文学习方法和策略。在后续语言实践中的合理运用，有效地帮助学生理解了语言形式对于文本表达的作用，建构起符合自身特点的语言运用体系。

二、实现思维的发展与提升

回想起成长的经历，我们小时候最喜欢听大人讲故事，往往会被那些生动的情节和独特的人物形象深深地吸引，甚至勾起无限的遐想。

那时候，情绪高涨，异想天开，如醉如痴，再平实的语言文字都会幻化成一幅幅生动立体的画面。于是，乘着想象的翅膀，穿越时空，到荒凉的漠北和苏武一起牧羊，目睹寄人篱下的凄苦，感受愈发浓烈的爱国情怀；翻越山头，到威名远扬的水泊梁山，在聚义厅和众英雄好汉开怀畅饮，质问宋头领为何要在招安旗下放弃初衷，不将反抗延续到底……

因为故事，童年才会天真无邪，孩提才会有梦想和追求，孩子的思维才会灵动发展！

美国心理学家西奥多·萨宾在论文集《叙事心理学：人类行为的故事性》中首次提出了叙事心理学。他认为，"人类思考、知觉、想象以及进行道德抉择都是依据叙事的结构"。可见，叙事思维对学生的发展起着重要的促进作用。

故事语文教学激活学生的思维，激发生命的力量，在读故事、讲故事、编故事、写故事过程中，让学生实现语文知识的储备、提取，达成阅读、表达、欣赏、想象和创造等素养的提升。

执教部编版二年级下册《彩色的梦》，为了激活学生思维，教师在导入部分引入儿童诗《我想》，引导学生展开想象：

师：我想把眼睛装在风筝上，看到了白云是那么柔软，太阳是那样的明亮……作者的想象多么大胆多么奇特！如果你也能把眼睛装在风筝上，将会看到哪些神奇有趣的景象呢？

生：如果我把眼睛装在风筝上，我会看到小鸟和白云在聊天。

师：你具体说说。

生：小鸟说："白云，我们比比赛，看谁飞得高，飞得远。"白云说："好啊，你可别输在我后边。"太阳、微风、云彩都来当观众。小鸟一开始飞得很快，特别得意。它骄傲地对白云说："你看我飞得多快呀！"可惜，小鸟没有认真看前方，突然撞到了树上，掉了下来。白云一点儿也不骄傲，它飞得很认真，先后躲过了雨滴，躲过了叽叽喳喳的小麻雀，还顺利地避开了飞机。白云赢得了比赛，得到了太阳、微风、云彩们的掌声。骄傲的小鸟后悔地低下了头。

——《彩色的梦》教学片断

在孩子的世界里，一草一木都是有生命的，一花一叶都是有情感的。联想，比较，欣赏，评价，补白，续写，改编……孩子们的思维一旦被激活，小鸟就会和白云对话，乌龟就会和兔子赛跑，蝴蝶就会和花瓣做着同样甜蜜的梦……想象，给孩子铸就一个五彩斑斓的神奇世界；思维，培育和发展富有想象、勇于创新的崭新生命！

三、提升审美的鉴赏与创造

小学语文新课程标准强调："语文教学应使学生在潜移默化的过程中，提高思想认识，陶冶情操，培养审美情趣。"语文课程具有丰富的人文内涵和极强的实践性，有意识地重视语文的熏陶感染作用和教学内容的价值导向，落实审美教育，可以培养学生的审美情趣。

故事语文教学独具特性。教师借助故事载体，撷取生动形象的语言，如涓涓细流般描述故事情境，烘托人物形象，揭示人生哲理，传递古往今来熠熠生辉的人性美。学生读故事，讲故事，欣赏评价故事，创编故事，品味语言文字的无穷魅力，感受劳动人民的大智大慧，传承着优秀传统文化的精髓。故事语文教学的过程，就是鉴赏与创造的过程，对于学生的审美起到构建和发展的作用。以《杨氏之子》为例：

教师：请大家认真研读课文，想想：哪个词最能表现杨氏之子"甚聪慧"？

学生：我认为是"未闻"。

教师：本来可以直接说"孔雀是你家的鸟"，杨氏之子却说"未闻孔雀是夫子家禽"。"未闻"为什么能够表现杨氏之子甚聪慧？

学生：杨氏之子肯定知道孔君平说"此是君家果"的真实意图——并不是真正想嘲笑他，而是想找机会考验一下他的才学。所以，懂得礼仪又聪慧的杨氏之子用"未闻"回答，不会让孔君平感到难堪。

学生：用上"未闻"，巧妙地说明"既然孔雀不是您家的鸟，那杨梅肯定也不是我家的果"，说话得体，又为自己挽回了面子。

学生：还有，孔君平是父亲的好朋友，杨氏之子采用否定的方式，比生硬直接地反驳要委婉、含蓄。既不失礼仪，又不失智慧，这是说话的技巧。

教师：孔君平听了杨氏之子的回答，又会是怎样的表现？

……

——《杨氏之子》教学片断

看似简单的问题，实则诱发了学生的万般思绪。在引导学生进行审美鉴赏的过程中，故事语文教学不仅关注故事本身的情节，还注意到文本的遣词造句、表现手法、人物形象、主题中心，以及文字背后隐藏的东西，包括文明礼仪、沟通技巧、舞台道具、故事后续，等等。当学生将自编自导自演的课本剧搬上舞台，举手投足、颦笑之间都是那么得体，谁还会怀疑孩子们的审美鉴赏与创造呢！

卢梭说过："有了审美能力，一个人的心灵就能在不知不觉中接受各种美的观念，并且最后接受同美的观念相联系的道德观念和诸多事物。"故事语文教学，帮助学生发展审美欣赏和审美创造的能力。教学部编版二年级下册《羿射九日》，教师引入小古文：

尧之时，十日并出。焦禾稼，杀草木，而民无所食。猰貐、九婴皆为民害。尧乃使羿杀九婴于凶水之上，上射十日，而下杀猰貐。万民皆喜，置尧以为天子。

学生熟读理解小古文，比较小古文和《羿射九日》的差异，发现课文只写羿射日的过程，并没有写羿除恶兽的经历。在教师的鼓励和引导之下，学生饶有兴趣地创编"羿除恶兽"的情节：

羿射下九个太阳后，来到扶桑树下休息。

忽然海面上狂风大作，恶兽九婴从东海中飞出。只见那恶兽有九个脑袋，嘴巴里还不时地喷出烈火。树木都被大火烧焦了，百姓到处逃难。

羿想："我不能让你危害百姓！"于是，他从树下飞身跃起，拉开神弓，搭上一支神箭，对准恶兽九婴的脑袋"嗖"地射了过去。只听到"嘣"的一声，恶兽的一个头被射中了！

恶兽发出撕心裂肺的惨叫，张开血盆大口，像疯了一样拼命地朝羿喷火。只见羿神勇无比，抽出一把神箭，八箭齐发。只听到"哎呦"一声，恶兽八头头头中箭，挣扎了几下就倒地而亡。

从此，百姓们过上了安居乐业的生活。

——摘自学生作文《羿除恶兽》

学习《羿射九日》的时候，学生已经感悟到羿的神勇与无畏。一旦有创编故事的机会，他们则大胆地想象，合理地创造，按照自己的审美标准构建英雄形象。

四、注重个性的培养与塑造

小学语文新课程标准在"课程目标"中指出："在语文学习过程中，培养爱国主义感情、社会主义思想道德和健康的审美情趣，发展个性，培养合作精神，逐步形成积极的人生态度和正确的价值观。"中学语文课程标准也强调"注重语文应用、审美与探究能力的培养，促进学生均衡而有个性地发展。"可见，发展学生的个性，是语文教学的重要目标之一。

新课程理念下，学生是课堂的主体，课堂是学生个性张扬和生命力激发的场所。虽然有些学生看似平淡无奇，但是他们各具慧根，各拥特长，各有灵性。一旦遇到适宜的环境和契机，他们将会被唤醒，蛰伏的灵性将如同新笋一般展现出生命的姿态与活力。

由此可见，教育教学最重要的不是向学生整齐划一地灌输知识，而是用发现的眼光去培养和塑造学生的个性潜质，还原学生本来的生命状态。

故事语文教学拟解决的核心问题就是更新教育教学观念，激活学生思维，尊重学生个性，发挥学生潜力，引导学生走出"思维僵化、思维浅层"的困境，使学生灵性和个性得以彰显。怎样发展学生的个性？

故事语文教学要求教师更新观念，以崭新的教学姿态出现在学生面前：实施策略，或阅读发现，或发掘探寻；呈现课型，或比较联系，或品读评价；拓展延伸，或复述表演，或续写创编……教学行为的推陈出新，潜移默化地影响着学生的个性化发展。

故事语文教学以教材为主体，辅之以经典的课外童话、神话、寓言及民间故事、历史故事、小古文故事。多种类型的故事文本，体裁不一，手法各异，所刻画的人物形象也是各式各样：或顶天立地，或忠孝善良，或智慧聪颖……个性化的品质，对学生的人格和价值观的形成影响深远。

故事语文教学是开放的教学，它尊重学生个性，鼓励学生多元化理解、欣赏和评价故事，包括情节设置、人物刻画、表现手法、遣词造句、布局谋篇等。同时，故事语文教学在拓展延伸方面也是极尽个性化，学生可以依据兴趣爱好自行安排实践活动，包括补白续写、编制绘本、改编创编……独特的感受，别致的设置，表露的是真实的内心，发展的是个性的自我。

教学《我是一只小虫子》，教师引导学生个性化谈感想：

教师：你认为当一只小虫子怎么样？

学生：当一只小虫子一点儿都不好。因为我太小了，身体很脆弱，一不小心屁股就会被苍耳刺痛。

学生：当一只小虫子挺好的。早上醒来，能把草叶当秋千，在上面荡呀荡的，多惬意。

学生：我可不想做一只小虫子，因为飞来一只小鸟就能把我吃掉。我太弱小了。

学生：我喜欢。如果我是一只小虫子，就可以跳到狗的身上，不用花一分钱能够去很远的地方旅行！

学生：我还是觉得当一只小虫子不好。你看，小狗撒一泡尿都会把我淹得昏头昏脑。

教师：同学们真是太可爱了……

——《我是一只小虫子》教学片断

故事语文教学是以人为本的教学。案例中，教师尊重学生是鲜活的富有生机的个体，因而学生大胆表达，真情流露，个性张扬，师生之间开启了一场触及灵魂和内心深处的对话。

学生的智能是多元潜在的，学生个体是可发展可超越的。故事语文教学尊重学生个体，唤醒学生心灵，激发学生潜能，发展学生语言，培养学生审美情趣，有助于全面提升学生的语文素养。

这，应该是故事语文教学实践的重要意义。

第二节　促进教学开放

开放的教学解放师生的心灵，破除陈旧的观念，构建灵动、情趣、实效的课堂，促进师生的共同成长。

故事语文教学是开放的教学。它虽缘起于祖国灿烂的故事文化，但根植于日常的课堂教学之中。

践行故事语文教学，我们力求在大语文教学观的统领下，突破传统教学的封闭禁锢，消除学科内部阅读、表达、欣赏、想象和创造之间的割裂，打通课本与经典、课堂教学与文化传承之间的通道，实现故事与生活之间的整合联系，促进教师与学生的同步发展。

因教学观念的改变、多维度思维的培育在其他章节中会有专门论述，本节仅从教学文本、践行空间、实施策略等维度来谈故事语文教学实践的意义。

一、实现教学文本多元化

文本可以是句子、段落或者篇章。故事语文教学实践中，我们一方面利用教材中的故事文本实施教学；另一方面积极开发教材中的非故事文本，还推荐使用其他课外故事读本，以丰富故事语文教学所选文本的内涵。

（一）利用教材中的故事文本

故事文本在语文教材中占据一定的比例。仅部编版三年级教材，上册第三单元全部是童话故事，第四单元也是以"预测"为主题的童话；下册第二单元全部是寓言故事，第五单元是一系列奇幻想象故事，第八单元则是其他类型的有趣故事。这些故事性文本，将是故事语文教学施展拳脚的主阵地。

（二）开发教材中非故事文本

除了利用教材中的故事文本，我们还对教材中非故事性文本进行开发。例如《赠汪伦》，诗中隐藏着一个美丽感人的故事：

相传，李白因得罪权贵被贬后十分郁闷，终日借酒消愁。汪伦仰慕李白已久，深知其好饮酒喜游历，就捎信相邀，称当地有十里桃花、万家酒店。李白听后欣然前往。到达后却发现"十里桃花"实际上是十里外的桃花渡口，"万家酒店"也不过是万氏所开的一家酒店。然而，李白依然被汪伦的真挚情谊所感动，临别之时还写诗相赠。

发掘非故事性文本中的故事，为理解两人的深厚情谊做了一个很好的铺垫。诗词中有故事，成语警句中也包含着故事，例如：

"走过任何一条街，抬头向上看，家家户户的窗子前都是花团锦簇、姹紫嫣红。许多窗子连接在一起，汇成了一个花的海洋，让我们看的人如入山阴道上，应接不暇。"

这是人教版五年级下册《自己的花是让别人看的》一文中描写花的语段。依据"花团锦簇"，学生大概知道花开得很多，但具体是怎样的景象并无清晰的概念。吴承恩在《西游记》第九十四回写天竺国国王要招唐僧为驸马，在公主出场时有段精彩描写：

只见那三宫皇后，六院妃子，引领着公主，都在昭阳宫谈笑，一片富丽妖娆，真是个花团锦簇！

引入文段，想象公主出场时的繁华与艳丽，再体会季羡林移植"花团锦簇"的作用，不难想象花开五彩缤纷、鲜艳多彩的景象。无独有偶，"姹紫嫣红"也源自明代戏曲家汤显祖《牡丹亭》中有关杜丽娘踏进园子的描述："原来姹紫嫣红开遍，似这般都付与断井颓垣。"

有意识地探寻名言警句的特定来源，发掘其背后的生动故事，有利于理解作者运用名言警句的意图，感受表达的效果。

（三）使用其他课外故事读本

教学文本的多元化还体现在故事语文人对教材之外经典故事读本的推荐和灵活运用。

教材是个例子。教学的目的在于引导学生举一反三，积累运用。大量的课外经典故事读本，是教材文本的有益补充和拓展延伸。比如，学习寓言，推荐阅读《中国古代寓言故事》《伊索寓言》；研读神话，不妨引入《中国神话故事》《希腊神话故事》；品读童话，可以迁移阅读《格林童话》《安徒生童话》……

大量的阅读，既开阔视野，丰富积淀，又培养阅读习惯，发展阅读能力。课外故事读本，大有用武之地。

二、促进教学空间多维化

故事语文教学，虽根植于课堂，但是它消除了学科内部素养之间的割裂，打通语文教学与其他学科之间的通道，构建了课堂与大生活之间的联系。

（一）消除学科内部素养之间的割裂

学科内部要素虽然看似独立，实则存在千丝万缕的联系。语文是一个完整的系统，识字写字、朗读欣赏、拓展延伸、评价写作都是这个完整系统中不可或缺的要素，且相互关联。

以阅读教学为例。笔者认为，阅读是输入与存储，表达是输出与提取。阅读教学除了指向欣赏积累，还离不开写作表达。因此，教师得敏锐地发掘文本中读写结合的点，适时训练，同步发展学生表达运用的能力。

教学人教版四年级下册《自然之道》，可设置读写结合的环节：

1.向导明知"我们"的做法会害幼龟，但为什么不制止，反而抱起那只幼龟朝大海走去？写一段导游的内心活动。

2.教学课文之后，鼓励学生写亲身经历的事，表达自己的发现和感受。

阅读与写作之间不可割裂，识字与表达之间也不可分割。比如教学生字，一方面要认识它的音、形、义；另一方面要运用生字词创设语境说话，或是写几个句子。这样的实践，消除了识字与表达之间的隔阂，有利于发展学生的语用能力。

（二）打通语文与其他学科之间的通道

学科内部之间各要素是融通的，学科之间也是相互联系的。故事语文教学实践过程中，运用数学小故事、英语绘本故事、书法家的故事、科学家的经历，能够辅助突破教学重难点。

同时，打通语文与其他学科之间的通道，有利于进一步夯实和深化故事语文教学。例如，结合美术，中、低年级学生可以看图讲故事，自行设计和制作精美的连环画绘本；结合音乐和表演，学生可以编导课本剧，组织故事汇演……

打通学科之间的通道，迎来的将是开放多元的教学局面。

（三）构建课堂与大生活之间的联系

斯宾塞曾提出"教育为未来生活做准备"，杜威曾说"教育即生活"。可见教育与生活关系密切。

故事语文教学尊重学生生命个体，尊重学生生活经历，积极构建课堂与生活之间的联系。

教学名著《鲁滨孙漂流记》，有学生突然发问："鲁滨孙终于回到了英国，故事却戛然而止。回国以后还会发生什么事呢？"教师抓住问题生成，引导学生结合社会生活来思考。于是，有了鲁滨孙带大伙再次历险、办一所航海学校、做慈善事业等后续情节，五花八门：

鲁滨孙从荒岛回到英国后，大家都认为漂流经历是荒诞的。鲁滨孙决定把大家伙带到那个荒无人烟的小岛上去感受那份奇特的经历……

作为一个航海家，他决定建立全国第一所航海学校，亲自教授航海课程。在他的教导下，培养了一批又一批航海精英……

他懂得知恩图报，决定把百万资产用来开发荒岛，建设孤儿院、敬老院，让孤儿和老人都过上幸福的生活，让所有的人都来关心慈善事业……

构建课堂与生活之间的联系，不仅巩固运用已学知识，还发展学生的实践创新能力，使教学回归到生活状态。

三、期待教学策略多样化

能力的提升和素养的培育，与教学方法有着十分密切的关系。随着课程改革的推进，越来越多的教师有意识地避免"填鸭式"和"满堂灌"的教学方式，努力尝试其他方法，让课堂生动活泼，教学效果事半功倍。

故事语文教学其核心理念是以学生生命的表达、情感的交流、个性的张扬为本，既关注故事教学的路径策略，又重视学习兴趣的激发、学科核心素养的培育。因此，践行故事语文教学，将积累更多的教学策略，使之多样化。下面暂罗列几种策略：

（一）阅读文化长河中的经典故事

中华故事以其自身独特魅力，连同古人的气质、风骨，让我们如醉如痴、浮想联翩……在浩瀚的文化长河中汲取精华，常态化静心阅读，是孩子们与作者及故事中人物一同欢笑、共同悲哭、一起愤激，接受文学经典熏陶感染、洗涤教育的过程。阅读故事的方法很多。比如中低段，语文教师可利用微信平台组建班级读书群和读书小组，让阅读成为收服人心、追求真善美的"诱饵"。高段则可由教师按照童话、神话、寓言、民间故事、历史故事等体例组织学生开展分类阅读并进行专题汇报。

（二）发掘古文诗词中的传统故事

中华经典古文，是孩子们成长的重要精神食粮。部编版教材三年级下册《守株待兔》是一篇小古文。除读懂故事，知晓寓意，教师还可以引导学生发掘小古文中隐藏的经典故事：在"劝"文化统领下，模拟臣子劝告不懂变通的君王，对比再现韩非子劝告君王的巧妙，扩编《守株待兔》，拓展学习其他"劝"文化故事……学生所收获的，不再是支离与破碎，而是系统与厚实。诗词中，诸如张籍的《秋思》、纳兰性德的《长相思》，都可以改编成生动形象的故事，帮助学生深切感悟蕴含之意、表达之情。

（三）展演阅读成长中的精彩故事

故事语文教学激发学习兴趣，发展语文能力，培养审美情趣，还促进学生视野的开阔，乃至个性的张扬、灵性的抒发。讲故事、编故事、演故事，展现的都是孩子们在阅读成长中的精彩篇章。

此外，发现童诗歌谣中的童真故事、探寻成语警句中的起源故事、再现文本留白处的个性故事也都是可行的实施策略。在第四章，编者还将对故事语文教学实施的几种常见策略进行详细论述。

在大语文教学观统领下的故事语文教学，消除学科内部素养之间的隔阂，打通课本与经典、课堂教学与文化传承之间的通道，促进故事与生活之间的融合，推动教学观念的更新，实现教学文本、教学空间、教学策略的开放性、多样化发展，为培育人、发展人奠定了基础。

第三节　传承优秀文化

中华文化博大精深，源远流长。

千百年传唱不衰、风雅无邪的《诗经》，文气浩荡、挥洒自如的先秦诸子散文，开创纪传体先河、被誉为"史家之绝唱，无韵之《离骚》"的鸿篇巨制《史记》，笼罩九州、镌刻山河的唐诗宋词……上至先秦，下至唐、宋、元、明、清历代，朵朵灿烂的文化奇葩，内容广泛，思想深邃，语言精辟，底蕴深厚，既是大中华先哲们的思想主张、文学造诣的结晶，又是他们的人文素养、人生智慧的积淀，还是中华民族屹立于世界民族之林的坚实根本。

文化，影响深远的不仅是政治、经济、思想、教育和习俗，还映照人们的心灵，陶冶民众的情操，启迪你我的心智。

故事里蕴藏着丰富的学习资源。故事语文教学实践过程中，学生诵读、讲演故事，既可以获得丰富的文学知识，受到良好的思想道德教育，又可以启迪思维，培养灵感，提高语文的表达应用能力，还能够开阔视野，提升审美情趣，传承优秀传统文化。具体表现在以下几方面：

一、学习优秀品质

童话、神话、寓言、民间故事、历史故事和小古文故事，往往塑造了一个个家喻户晓的人物形象，表现了古代劳动人民对勤劳善良、自信坚毅、刻苦好学等优秀品质的认同和赞美。

（一）勤劳善良

教学《古诗十九首》中的《迢迢牵牛星》，教师适时引入牛郎织女的故事：

传说古代王母娘娘的外孙女织女擅长织布，每天给天空织彩霞，但她讨厌这枯燥的生活，就偷偷下到凡间，私自嫁给河西的牛郎，过上男耕女织的生活。此事惹怒了王母娘娘，便把织女捉回天宫，责令他们分离，只允许他们每年的农历七月七日在鹊桥上相会一次。他们坚贞的爱情感动了喜鹊，无数喜鹊飞来，用身体搭成一道跨越天河的彩桥，让牛郎织女在天河上相聚。

虽然"牛郎织女"源于人们对自然天象的崇拜，讲述的也是民间的爱情故事，但是，它同样崇尚勤劳，讴歌了善良的品质。诗歌中"纤纤擢素手，札札弄机杼"就是最好的印证和诠释。因此，哪怕后来发展成为七夕乞巧美好的姻缘，人们都还是希望自己能够有一双勤劳灵巧的手。

在民间故事《田螺姑娘》中，小伙子之所以每天干完活回家能够享受热腾腾的饭菜，原因在于从路边捡到的田螺化身为姑娘，并被她的勤劳善良所感动，因而过上美满幸福的生活。

类似的故事非常多。而勤劳善良也成为贯穿故事、感化人心的主旋律。

（二）自信坚毅

人教版六年级下册《真理诞生于一百个问号之后》用多个事例论证并告诫人们，只有自信坚毅，不断探索，才能获得真理。教学本文，师生共同列举相关的事例以深化认识：

北山愚公者，年且九十，面山而居。惩山北之塞，出入之迂也。聚室而谋曰："吾与汝毕力平险，指通豫南，达于汉阴，可乎？"杂然相许。其妻献疑曰："以君之力，曾不能损魁父之丘，如太行、王屋何？且焉置土石？"杂曰："投诸渤海之尾，隐土之北。"遂率子孙荷担者三夫，叩石垦壤，箕畚运于渤海之尾。邻人京城氏之孀妻有遗男，始龀，跳往助之。寒暑易节，始一反焉。

《愚公移山》讲述愚公不畏艰难，坚持不懈，最终感动天帝而将山挪走的故事，说明坚强毅力能够战胜困难的道理。在坚定与怯弱、"愚"与"智"的对比当中，赞扬古代劳动人民的坚定信心和坚强毅力。又如神话故事《神农尝百草》，为解除百姓疾苦，神农氏克服困难尝遍百草，终能制药救人。

无论是北山愚公还是上古一帝，其自信坚毅的品质光芒万丈，影响着一代又一代人。

（三）刻苦好学

人教版四年级上册《为中华之崛起而读书》，讲述少年周恩来从小立下宏伟志向刻苦学习的事迹，表明了强烈的责任感和使命感。拓展延伸环节，学生列举《闻鸡起舞》的故事：

初，范阳祖逖，少有大志，与刘琨俱为司州主簿，同寝，中夜闻鸡鸣，蹴琨觉，曰："此非恶声也！"因起舞。

青年祖逖意识到自己知识贫乏，深感不读书无以报效国家，于是发奋读书，每天听到鸡叫后起床刻苦练剑，终成文武双全的栋梁之材，实现了报效国家的愿望。

诸如此类的故事不胜枚举，匡衡凿壁借光、孙敬苏秦悬梁刺股、朱买臣李密负薪挂角、欧阳修以荻画地……古人身上刻苦好学的品质，时时激励着当下的学生勤勉奋进。

除勤劳善良、自信坚毅、刻苦好学之外，诚实守信、谦让平和、宽容大度、节俭惜时等品质也光彩夺目，潜移默化地影响着学生的成长。

二、领悟深刻道理

童话、神话、寓言和民间故事、历史故事、小古文故事，虽然表现的侧重点不一样，但或明或暗、或多或少的在给我们讲述道理，宣扬启示。

作为优秀的文化样式，寓言虽然字数不多，但言简意赅，多用比喻性的故事寄托意味深长的道理，代表着优秀民族文化的价值取向。例如，《揠苗助长》告诉我们做事要遵循事物的发展规律，急于求成，反而会坏了事。《亡羊补牢》比喻出了问题以后想办法补救，可以防止继续受损。《买椟还珠》则教育我们做什么事情都要分清主次，不要过于注重外表而忽略事物的本质……每一个寓言故事的背后，都折射出意味深长的育人光辉。

寓言短小精练，是学生喜闻乐见的阅读对象。阅读欣赏过程中，人们的一些观点、看法和认识会逐步趋于完善或改变。可以说，寓言故事正在改变着人们的思维，启迪着人们的智慧，指引着人们发展的方向。就像泰戈尔所说，"使卵石臻于完美的，并非锤的打击，而是水的且歌且舞。"

教学《刻舟求剑》，教师设置以下教学环节：

（一）初步感知：朗读课文，了解主要内容，复述故事。

（二）研读探讨：研读课文，补充文本留白处；合作探讨：掉宝剑的人愚蠢在哪？找不到剑的关键问题是什么？

（三）拓展延伸：你还能想到哪些类似的寓言故事？结合补白表演故事。

（四）归纳总结：本则寓言故事给我们什么样的启示？结合生活实际，在对比中谈学习感受。

——《刻舟求剑》教学环节

学习寓言故事的过程，就是理解寓言作品教育意义的过程。上述案例中，通过复述故事、补充故事、探讨故事、表演故事、比较故事等策略，学生了解了故事内容，懂得了刻舟之人墨守成规的愚蠢可怕，启示人们处理事情要学会变通。

故事语文教学虽然重视故事载体，但更关注故事背后的语文运用和价值导向，尤其是从各种故事中吸取经验教训，总结实践经验。

三、感受先人智慧

历史反映人类改造自然、改造社会、不断推进文明进步的历程。中华民族历经无数的苦难与挫折，数不清的英雄豪杰、文人志士和劳苦大众靠着自己的双手和智慧，才创造了今天的辉煌与成就。

故事语文教学探索和实践的过程，就是教师引领学生在历史的长河中徜徉和穿越的过程，在智慧的源泉中感受和汲取的过程。

教学人教版五年级下册《杨氏之子》，教师引导学生收集整理一些智慧故事：

（一）

曹冲生五六岁，智意所及，有若成人之智。时孙权曾致巨象，太祖欲知其斤重，访之群下，咸莫能出其理。冲曰："置象大船之上，而刻其水痕所至，称物以载之，则校可知矣。"太祖悦，即施行焉。

（二）

司马光字君实，陕州夏县人也。光生七岁，凛然如成人，闻讲《左氏春秋》，爱之，退为家人讲，即了其大指。自是手不释书，至不知饥渴寒暑。群儿戏于庭，一儿登瓮，足跌没水中，众皆弃去，光持石击瓮破之，水迸，儿得活。

曹操五六岁，有若成人之智。司马光七岁的时候，就已经稳重得如同大人。古往今来，洪水泛滥，大禹治水疏而不堵；谢道韫妙答，"未若柳絮因风起"堪绝；解缙自幼好学，出口成章……学生们运用古文知识，不仅学习致用，还从内心深处感受先人的聪明才智。

四、弘扬民族精神

民间故事、历史故事和成语故事内容丰富多彩，塑造了一个个家喻户晓的人物形象。就是这些形象，传递着浓厚的思想情感、民族精神与独特审美。

一段时间，不少人崇尚舶来的文化和艺术，一定程度上影响传统文化的传承。特级教师窦桂梅从教材选取民间故事这一文学体裁的目的角度，提出"民间故事这样的文学体裁，除了看重具体故事本身所具备的内容含金量外，我们更期待着借它实现民族精神的薪火相传"的主张。故事语文教学在"拟解决的核心问题"中提出，"改变教师'只教学不积淀、文化底蕴浅薄'的现状，促使教师和学生一起自觉汲取和传承传统文化精髓，夯实学科教学文化素养……"作为语文老师，我们有责任和义务弘扬祖国优秀传统文化，使民族精神的薪火代代相传。

教学"路漫漫其修远兮，吾将上下而求索"，引入屈原悲愤投江的背景故事：

战国时代，楚秦争夺霸权，诗人屈原虽受楚王器重，但遭到上官大夫靳尚为首的守旧派的反对和诋毁，楚怀王渐渐疏远屈原。有着远大抱负的屈原倍感痛心，怀着难以抑制的忧郁悲愤，写下了《离骚》《天问》等不朽诗篇。

公元前229年，秦国攻占楚国八座城池，又派使臣请楚怀王前去议和。屈原看破秦王的阴谋，冒死进宫陈述利害，楚怀王不但不听，反而将屈原逐出郢都。楚怀王如期赴会，一到秦国就被囚禁起来，悔恨交加，忧郁成疾，三年后客死于秦国。楚顷襄王即位不久，秦王又派兵攻打楚国，顷襄王仓惶撤离京城，秦兵攻占郢城。

流放途中，屈原接连听到楚怀王客死和郢城攻破的噩耗，万念俱灰，仰天长叹，投入了滚滚激流的汨罗江。

屈原忠君爱国、刚正不阿、爱憎分明、嫉恶如仇、上下求索，多种伟岸的形象完美地结合在一起，构成民族精神的完美象征。之后的苏武牧羊、岳飞精忠报国、于谦粉身碎骨浑不怕、文天祥留取丹心照汗青，故事中所蕴含的爱国主义精神，是中华民族屹立于世界民族之林的动力和源泉。

我们引领学生学习，就是通过口耳相传的形式和内化弘扬的过程，将人性里最宝贵的真善美保留下来，激励子孙后代团结统一、爱好和平、勤劳勇敢、自强不息，传承并发扬光大。

故事语文教学借助故事载体，不仅培育学生适应时代发展，奠定终身学习所需的阅读、表达、欣赏、想象和创造等语文素养，还以故事这种绚丽多彩、辉煌灿烂、具有永久魅力的文学艺术样式，激发学生学习优秀品质，领悟深刻道理，感受先人智慧，弘扬民族精神，在耳濡目染之间传承优秀传统文化。

第四章 故事语文教学实施策略

　　学生成长过程中所激发的想象火花、编写灵感，是故事语文教学中最宝贵的财富。及时地呵护，用心地培育，想象创新的火花和灵感将如星星之火可以燎原。

第一节　阅读故事夯实底蕴

叶圣陶先生曾经说过："教师之为教，不在全盘授予，而在相机诱导。"了解了故事语文教学兴起的缘由、实践意义和本质特征之后，接下来要思考的便是实施策略。

回顾中华数千年的教育历程，唯一个"读"字贯穿古今。熟读唐诗三百首，不会作诗也会吟；读书破万卷，下笔如有神；读书之法，在循序而渐进，熟读而精思……这些经典的读书名言，道出了"读"在学习中的重要作用。

故事语文教学以故事为载体，通过形式多样的课前读、课上读、课后读来开展教学活动。

一、课前读故事，形式多样

因教学实际需要而进行的课前读故事，主要采用专题化的教师推荐阅读、浏览性的学生自主阅读、展示性的班组分享阅读和现场化的课前朗读汇报等方式。

（一）教师推荐阅读

在"学生发展渴望"一节中已经提到，学生的阅读面非常狭窄，阅读量特别匮乏，所阅读文本呈非经典化趋势，不利于培养良好的阅读习惯，难以丰富积淀。为避免阅读浅层和低效，我们依据教材文本特点，课前由教师推荐阅读篇目，引导学生有针对性地开展专题化阅读。例如，部编版一年级：

上册：教学《乌鸦喝水》之前，推荐阅读《龟兔赛跑》《猫和鸡》《说谎的放羊娃》《松树上的黑秃鹫》等寓言故事；教学《小蜗牛》《猴子捞月亮》之前，推荐《爱吃零食的小白兔》《镜子》《小白熊与娃娃跳舞》《小乌龟找工作》

等童话故事。

下册：教学《吃水不忘挖井人》《我多想去看看》之前，推荐阅读《爱民的毛主席》《红井》《毛委员送棉衣》等红色故事；教学《小公鸡和小鸭子》《树和喜鹊》之前，推荐童话故事；教学《狐狸和乌鸦》《小猴子下山》之前，推荐寓言故事；教学《咕咚》前，推荐民间故事……

课前专题化阅读，虽然很粗糙，但有利于学生初步感知寓言、童话、红色故事、民间故事的魅力，体会不同的故事所陈述的往事或表达的寓意。

（二）学生自主阅读

自主阅读是课外阅读的主要方式，是故事语文教学不可忽视的重要环节。如果说课前教师推荐阅读是规定性行为，那么学生自主阅读则具有一定的开放性。

自主选择阅读对象。阅读过程中，学生可以依据兴趣爱好选择所阅读的对象。比如，低年段学生可以选择图文并茂的绘本或者是童话，中段学生可以选择短小的神话、寓言或者是民间故事，高段学生可以选择情节性较强、蕴含一定哲理的历史故事或是小古文故事，甚至是长篇故事。

除了阅读对象，还可以依据自身实际自主选择阅读方式。比如，低中段学生可以有声朗读，甚至放声朗读，在朗读过程中形成印象，加深认识。高段学生则可以选择默读、研读，逐步深化理解，形成感悟。当然，还可以根据需要选择粗略性的浏览或者反复性的品读。

自主阅读，看似松散，实则尊重学生个性需求，激励学生广泛地阅读课外读物，唤起强烈的求知欲望，形成一定的阅读能力，养成持久的阅读习惯。同时，在浏览与品读之间，真正习得阅读方法，提升阅读的广度和效度，发展语文能力，这和新课标理念是吻合的。

（三）班组分享阅读

为了检验教师推荐阅读和学生自主阅读的效度，我们建立班级读书小组和班级读书群。读书小组成员每天将自己朗读的一个故事录音及阅读感受（来源于优秀的绘本、童话、神话、寓言、历史故事等）按时分享到读书小组群，供成员之间相互点评，当日读书小组组长给予一定的评价和建议。

同时，读书小组组长向语文教师推荐优秀的朗读者。语文教师选择优秀作品共享在班级读书群，分享朗读成功经验，指出全班在朗读中存在的共性问题，如咬字不准、拖腔拿调、感受偏差等，启示其他学生引起重视。

班级和小组分享式阅读是带有一定展示性、评价性的阅读方式，虽然不能保证小组成员每一次都能在班级读书群中展示，但是，小组内的相互点评，有助于发现问题，总结经验，有利于组内成员共同成长。同时，优秀的朗读作品、进步明显的学生，总有机会得到同伴和教师的赏识。因而，班组分享阅读提升了学生课外阅读的兴趣和热情。

（四）课前朗读汇报

借鉴课前三分钟读古诗词的做法，故事语文教学重视课前朗读汇报。在这个环节，学生轮流上台，既当场朗读作品，又汇报阅读感受和发现。朗读汇报过程，学生不拘泥于故事的情节和人物形象，也不局限于词句的积累运用和所表达的主题，可以大胆地多角度地呈现自己的见解，充分展现阅读的个性化。

课前形式多样地读故事，激起的是阅读兴趣，开阔的是文化视野，夯实的是传统文化积淀。

二、课上读故事，多元发展

课堂，是实施故事语文教学的主阵地。课上读故事，有利于积累美文佳句，培养学生语感，发展个性想象，促进多元发展。

（一）积累美文佳句

积累不是简单机械的抄写，而是在学习过程中理解、感悟、内化、运用的过程。无论是教材中的故事，还是课外故事，都不乏精美的语言文字。朗读的过程，就是逐步积累的过程。

积累优美语句。部编版二年级上册《我要的是葫芦》一课中，有这么一段话：

细长的葫芦藤上长满了绿叶，开出了几朵雪白的小花。花谢以后，藤上挂了几个小葫芦。多么可爱的小葫芦啊！

教学时，先指导学生画出"细长的葫芦藤、雪白的小花、可爱的小葫芦"等短语，标记动词"种、长满、挂"，然后指导学生朗读。在一遍一遍的朗读中，学生强调表示动作和修饰的词，读出对小葫芦的喜爱。这种喜爱，由读渐入内心，是潜移默化的。

积累精美文章。二年级下册《青蛙卖泥塘》，本身就是一篇非常有趣的童话。文章先写青蛙住在烂泥塘里，觉得不怎么样，想把泥塘卖掉后换几个钱搬到城里住：

于是青蛙在泥塘边竖起一块牌子，上面写着"卖泥塘"三个字。

"卖泥塘喽，卖泥塘！"青蛙站在牌子下大声吆喝起来。

最先来的顾客是一头老牛，它发表了自己的看法：

这个水坑坑嘛，在里边打打滚倒挺舒服。不过，要是周围有些草就更好了。

听了老牛的建议，青蛙马上整改。之后，野鸭也提出建议，青蛙照样改进。

后来，小鸟飞来说，这里缺点儿树；蝴蝶飞来说，这里缺点儿花；小兔跑来说，这里还缺条路；小猴跑来说，这儿应该盖所房子；小狐狸说……每次听了小动物的话，青蛙都想：对！对！要是那样的话，泥塘准能卖出去。于是就照着他们的话去做，栽了树，种了花，修了路，还在泥塘旁边盖了房子。

到最后，青蛙才发现，在大家的建议之后，泥塘竟然发生了翻天覆地的变化：

多好的地方！有树，有花，有草，有水塘。你可以看蝴蝶在花丛中飞舞，听小鸟在树上唱歌。你可以在水里尽情游泳，躺在草地上晒太阳。这儿还有道路通到城里……

教学时，以读为主，体会不同角色说话时的语气，认识到正是因为青蛙的劳动才换得居住环境的巨大变化。朗读，不仅突破教学的难点，体会感悟情感和道理，还帮助学生积累了美文佳句。

（二）培养学生语感

语感，是比较直接迅速地感知语言文字的能力，体现出一个人的语文水平和综合素养。培养语感最好的办法就是大量地积累规范语言。积累规范语言最好的途径就是朗读和背诵。因为，读是语言输入的最佳途径，只有烂熟于心才能脱口而出。

初读。读准字音，读通句子，初步读懂课文大意，体会故事所包含的内容并受到感染。

研读。读明白词语、句子所表达的深刻含义，理解故事所蕴含的情感和揭示的道理，逐步消化和吸收运用词语和句子表情达意的方法。

熟读成诵。多读多背，在朗读背诵时注意语音语调、意群停顿，读出故事的韵味和美感。

多种形式读。加强默读、跳读、略读、扫读等阅读技巧的学习和运用，在读中发展学生对语段和文章主旨的理解能力和逻辑思维能力，培养语篇意识，在读中提高语言感悟能力。

美文佳句是培养语感的重要载体，但是发展语感仍离不开真实的语言环境，教师还得引导学生将朗读与表达、朗读与写作有机结合，在实践中培养学生的语感。

（三）发展个性想象

一千个读者就有一千个哈姆雷特。课上读故事，有利于发展学生的个性化想象。

再现故事画面。无论是绘本、童话、寓言还是民间故事、历史故事、小古文故事，都是以叙述的方式讲一个带有寓意的事件，或是陈述一件往事。在同伴读故事、自己读故事或是教师读故事过程中，学生边听边读边想，脑海中自然会出现与连环画类似的画面，或者如电影般连续的情节。读，成为学生个体想象故事画面的触动点。

完善故事细节。故事虽然呈现了事件的主体，但叙述性的语言并不能完全呈现故事的全部。例如《守株待兔》结尾，交待了农夫不再种地，一天到晚守着那神奇的树根，等着奇迹的出现。读到这里的时候，便会触发学生自觉去想象去完善细节：农夫是怎样守着树桩的？他围着树桩徘徊的姿势是什么样子？他自言自语又说了些啥？他的心理活动又是怎样的？读的过程中，学生会有意识或无意识地想象画面，将那些未知的模糊的，甚至是省略的细节给一一补充。

想象后续发展。除了完善细节，学生还会在朗读过程中想象情节的后续发展。例如，读了《鲁滨孙漂流记》，学生便会突发奇想：回到英国后的鲁滨孙的生活又怎样呢？还会有哪些奇特的经历？学生呈现的一个又一个合理的结局，都是"读"的精彩延续。

再现故事画面，完善故事细节，想象后续发展，实际上是读的基础上的一种创新性行为，发展了学生的思维力。

三、课后读故事，拓展延伸

课前读故事，激起阅读兴趣，开阔文化视野。课上读故事，再现故事画面，发展想象能力。课后读故事，延续阅读专题，创新阅读方式。

（一）延续专题阅读

一个专题的故事教学完成后，教学活动并没有就此结束。教师依据文本特点，组织学生开展延续阅读，以巩固和深化理解。例如，学习《拔苗助长》《守株待兔》，延续阅读《中国古代寓言故事》《伊索寓言》；学习《女娲补天》《夸父逐日》，开展《中国神话故事》《希腊神话故事》专题阅读；学习《幸福是什么》《卖火柴的小女孩》，拓展阅读《安徒生童话》《格林童话》……

相同体裁故事的延续阅读，使大量的课外经典故事走近学生，走进课堂。

（二）家庭亲子阅读

课前读，课上读，学生被故事的魅力所吸引，对故事的热爱一发不可收拾。故事对学生的熏陶，已经深远地影响到学生课后的阅读。回到家后，学生将和家长一起，同读一本书，或者是共同探讨同一个故事问题。孩子的阅读行为，直接影响到家长的业余生活；家长的阅读行为，反过来又促进和巩固孩子的阅读习惯。家庭亲子阅读，构建了浓郁的读书氛围、研讨氛围。

（三）自主选择阅读

虽然有专题延续阅读，家庭亲子阅读，学生回家后的阅读还是自主的。故事语文教学鼓励学生在课堂学习的基础上广泛涉猎，多方获取。例如，教学《将相和》之后，学生除了延续阅读有关廉颇、蔺相如的其他故事之外，还可以阅读《吴越春秋》，甚至是司马迁的《史记》，以获得更多的认识和积淀。

（四）网络推介发表

一分耕耘一分收获。学生最喜欢看到自己的成长成果。经过课前读、课上读、课后读，学生已经获得不少读的知识与技能，尤其是培养了语感，发展了语文能力。故事语文人特别重视学生的表现愿望，积极通过网络推介发表学生的朗读作品。例如，课题组倪玲老师利用"五个铃铛"微信公众号，及时推送学生读故事、讲故事的音频录音和创作的文章，还配以点评与指导，极大地提升了学生读故事的成就感，巩固了学生对故事语文教学的热爱。

延续专题阅读、家庭亲子阅读、自主选择阅读、网络推介发表是课后读故事的主要方式，进一步拓宽学生视野，丰富阅历，有效地延续了读的意义和价值。

故事是人类对自身历史的一种记忆行为。人们通过多种样式的故事形式，记忆和传播着社会的一些文化传统、探索认知和价值观念，一定程度上引导着社会底蕴的形成。读故事，让学生从优秀的故事文本开始感受人类的文明和历史底蕴，并从中开阔视野、培养语感、孕育创新、传承文明，是一场非常愉悦的夯基固源的精神之旅。

第二节　引入故事优化教学

优化教学，是指教师在尊重教学规律和教学原则的基础上，为了实现教学目标，达成良好的教学效果，选择适合学生发展的教学方法与策略的过程。优化教学受教师自身专业素养、学生知识技能等多种因素的影响，没有固定的模式和套路。

故事语文教学是课程改革背景下语文教学创新的具体化行为和有效探索，既关注故事教学的路径和策略，又重视学习兴趣的激发、学科素养的培育。因而，故事语文教学将故事融入教学各个环节，以实现课前导入、突破重难点、语文实践等教学行为和教学过程的逐步优化。

一、优化课前导入

好的开始是成功的一半，一堂好课亦是如此。课堂导入并不是可有可无的片花，或花里胡哨的噱头，它在教学环节中有着举足轻重的作用。导入方式比较多，有的直接导入，开门见山直扑问题；有的间接导入，比照联系促进理解；有的创设情境烘托氛围，让人入情入境……

（一）用故事直扑主题

富有趣味性、情节性的故事可以瞬间吸引学生的注意力。开课伊始，用文本中主要人物的故事导入新课，将激发学习兴趣，使教学直奔主题。

例如，教学《晏子使楚》，教师改变从介绍时代背景导入新课的常规做法，而是借用《晏子救圉人》的故事导入：

齐景公死了一匹心爱的马，勃然大怒，拿起戈要击杀养马的人。晏子出面说："你这样刺死他，他死得糊里胡涂，我替你宣布他的罪状，也好让他死而无憾。"

晏子将戈接过来，指着养马人的心窝，大声说："你罪大恶极，一死都不足抵罪。第一，你替国君养马却让马死了，该死！第二，你让国君为了一匹马，要杀养马的人，又该死！第三，你让国君为了一匹马杀了养马者，丑名闻于诸侯，更该死！"景公听到这里恍然大悟，赶紧说："把他放了吧，免得伤害我仁义的名声。"晏子说出了景公未曾思虑过的问题，点醒了景公，救了养马人一命。

《晏子救圉人》是晏子智劝君王的故事，体现了极强的思辨艺术。用此故事导入，虽没有介绍时代背景，但紧扣教学目标，让学生初步感知晏子的智慧和能言善辩，为学习课文做了铺垫。

用故事直扑主题的导入方式，方便学生迅速进入学习状态。

（二）用故事比照联系

用故事比照联系，其导入方式比直扑主题要委婉含蓄。但是，这种方式能够引起学生自觉对比和联系，探讨和发现故事与文本之间的共性。例如，教学《自然之道》，引入《蝴蝶破茧》的故事作为导入：

有一天虫茧上面出现了一个裂缝，有个人坐在那儿花了好几个小时看着蝴蝶挣扎，看它试图从裂缝中挤出来。然而看上去好像没有任何进展。它好像已经尽力了，却无法再向前迈出一步。于是这个人决定帮助蝴蝶。他拿出一把剪刀，把虫茧的其他部分剪破，然后蝴蝶很轻易地就出来了。但是它的身体肿胀，翅膀很小，皱巴巴的没有展开。这个人继续观察蝴蝶，他希望某个时刻蝴蝶能够飞起来。然而什么也没有发生。事实上，这只蝴蝶一生都只能拖着肿胀的身体和皱褶的翅膀爬行，它永远都不会飞了。这个急躁而好心的人并不知道，蝴蝶在挣脱虫茧的过程中能将身体的液体挤到翅膀里去，一旦它突破虫茧获得自由，它就能够飞翔。

以《蝴蝶破茧》的故事导入，学生在比较联系中发现自然万物都有自己的规律，不能人为地破坏，不然适得其反。在此基础上学习课文，学生的认知度会更高，理解会更深刻。

（三）用故事创设情境

有目的地引入或创设一定的情境，能够帮助学生感知形象，深化理解。教学《鸟的天堂》，教师用一个传说导入新课：

在广东有这样一个美丽的传说：相传四五百年前，在广东新会的天马村，有一条小河，河中间有一块泥滩小岛。潮退外露，潮涨水淹。一天，一只仙鹤看中了这儿环境安静而优雅，便衔来了一根榕树枝。说来奇怪，不久，榕树生长起来，枝繁叶茂，远看像一片浮动的绿洲。又一个美丽的清晨，这只仙鹤带来了数万只仙鹤，栖息在这棵榕树上。从此,每于清晨薄雾中,万千灵鸟鸣声呼唤,凌空翱翔，野趣盎然，形成南国一个美丽的奇观。

心理学家布鲁诺说："最好的学习动机是学生对所学材料有内在兴趣。"以故事导入，从仙鹤入手，一路逶迤而行又至仙鹤结课，整个教学前呼后应，浑然一体。

用故事创设情境导入，开启的是愉悦教学之旅。

二、优化重难点突破

突破重难点的方法很多，比如以读促讲、自主探究、小组合作、多媒体教学辅助等。故事语文教学将听、说、读、写等能力渗透在儿童喜闻乐见的故事形式之中，符合儿童认知心理和成长规律。因而，用故事来突破重难点，符合新课程理念。

（一）用故事理解关键词句

课文的标题、开头或结尾部分，经常出现一些关键性的句子。这些句子要么直接点明主旨，要么抒发某种感情，或者引发人们的思考。抓住这些关键性的句子，能够把握文章，领悟作者的表达意图。教学《钓鱼的启示》，文末有几个关键性的句子特别引人注目：

当我一次次地面临道德抉择的时候，就会想起父亲曾告诫我的话：道德只是个简单的是与非的问题，实践起来却很难。一个人要是从小受到像把钓到的大鲈鱼放回湖中这样严格的教育的话，就会获得道德实践的勇气和力量。

课文分两部分，前面介绍事例，浅显易懂；后面说明道理，但相对抽象。采用讲述的方式，虽说也可以理解蕴含其间的道理，但毕竟是灌输。引入故事《杨震拒金》，将使抽象的表述变得形象可感：

东汉时，杨震在赴任途中经过昌邑时，昌邑县令王密来拜访他，并怀金十斤相赠。杨震说："故人知君，君不知故人，何也？"王密没听明白杨震的责备之意，说："天黑，无人知晓。"杨震说："天知，神知，你知，我知，何谓无知？"王密这才明白过来，大感惭愧，怏怏而去。

引入故事之后，学生形象地认识现实生活中形形色色的"鲈鱼"，进而懂得拒绝名利、金钱诱惑的重要性以及名士清流流芳至今的原因：陶渊明辞弃官职，隐居田园，才有"采菊东篱下，悠然见南山"的淡泊名利；周敦颐拒绝腐败，才有"出淤泥而不染"的洁身自好……

又如《泊船瓜洲》，为什么"绿"字用得特别好？诗人曾经用过"到、过、入、满"等字，最后从"已绿湖上山"受到启发，化平淡为灵动，能让人深切感受到江南春天的生机盎然。可见诗人用字之准确。与其反复讲解强调，不如引入贾岛与韩愈"推敲"的故事，让学生在品读之中感受古人用字反复斟酌的用心态度。

（二）用故事感悟重点段落

文本中的有些段落，看上去意思一目了然，但是隐藏在文字中的含义并不那么清晰，往往需要教师用他山之石予以攻玉。教学《将相和》，文本中有段这样的描写：

廉颇很不服气，他对别人说："我廉颇攻无不克，战无不胜，立下许多大功。他蔺相如有什么能耐，就靠一张嘴，反而爬到我头上去了。我碰见他，得给他个下不了台！"这话传到了蔺相如耳朵里，蔺相如就请病假不上朝，免得跟廉颇见面。

课文中对于蔺相如的描写，前有完璧归赵，后有渑池会见，其不畏强权、机智勇敢的形象早已了然于心。但是，关于廉颇，文中此前并没有其他描述，单是"我廉颇攻无不克，战无不胜，立下许多大功"一句话，对理解廉颇就显得格外薄弱。但偏偏就是这段话，刻画了廉颇的居功自傲。教学这段，有必要引入廉颇为国征战、劳苦功高的故事：

赵惠文王在位前期，东方六国以齐国最为强盛，齐国与秦国各为东西方强国。

……

赵惠文王十六年，廉颇带领赵军长驱深入齐境，攻取阳晋，威震诸侯，廉颇班师回朝，官拜上卿（上卿为当时高级爵位）。

赵惠文王二十年，廉颇向东攻打齐国，破其一军。

赵惠文王二十三年，楼昌领兵进攻魏国几邑，未能夺取。之后廉颇再次进攻，将几成功占领。

赵惠文王二十四年，廉颇伐魏，攻陷防陵，筑城而还，随后又攻取了安阳。

赵惠文王三十年，秦昭襄王不满赵惠文王违背盟约，出兵进攻赵地阏与。赵将赵奢率兵增援阏与，大破。不甘失败的秦王又发兵攻几，廉颇救几，再破秦军。

引入相关故事，全面呈现廉颇"攻无不克，战无不胜"的英勇形象，既明晰他居功自傲的原由，又理解蔺相如为了国家利益特意避让的举动。因而，负荆请罪、将相和好就成了升华英雄形象的最好结局。

（三）用故事厚实人物形象

用故事厚实人物形象，是利用故事语言材料之间的内部和外部联系，在比较感悟之间，构建对文本事件和人物的较为全面的认识，以形成整体印象。

例如，《两小儿辩日》记述孔子路遇两个孩子在争辩太阳远近的问题，而孔子不能做决断之事。

孔子不能决也。

两小儿笑曰："孰为汝多知乎？"

文章末尾两句话，交代孔子无法解答太阳远近的问题，也无法判定两小儿谁对谁错。虽说明了知识无穷、学无止境的道理，赞扬了孔子实事求是、敢于承认自己学识不足的品质，但也容易形成对孔子的片面认识。为此，引入孔子的其他故事，有助于形成全面判断：

一次，孔子在东游途中，被一位童子挡住了前行的去路。孔子从车中探身出来，询问童子姓名。童子答曰："项橐"。孔子也自报了家门。当小项橐得知面前这位老先生乃是孔子时，决定出一道题，考一考这位博学者。项橐问："夫子可知道，天上有多少颗星星，地上有多少五谷，人有多少根眉毛？"孔子摇摇头，说："实在惭愧，我答不出来。"项橐得意地说："我来告诉你，天上有一夜星辰，地上有一茬五谷，人有黑白两根眉毛。"孔子敬佩眼前这位童子，于是下车向他行了礼。孔子对弟子说："三人行，必有我师焉。"

项橐考孔子的故事和《两小儿辩日》有异曲同工之妙，都表现了孔子的谦逊和诚实。尤其是后一个故事，通过极具性格化的对话来表现人物，展开故事情节，使孔子的形象栩栩如生，更加丰满。

（四）用故事体会表达情感

除了理解关键词句、感悟重点段落、厚实人物形象，还可以用故事来体会作者表达的真实情感。例如，教学曹植的《七步诗》，学生对照注释能够比较清晰地理解"煮豆持作羹，漉菽以为汁。萁在釜下燃，豆在釜中泣"的本义。但因时代久远，又缺乏体验，学生难以理解"本自同根生，相煎何太急"的真正含义。引入故事，可以帮助学生体会诗句所表达的情感。

曹操死后次子曹丕继位。曹丕唯恐几个弟弟与他争位，便觉得先下手为强，夺了三弟曹彰的兵权。此时就剩下四弟曹植，曹丕深恨之。便命令曹植在大殿之上走七步，然后以《兄弟》为题即兴吟诗一首，但诗中却不能出现"兄弟"二字，成则罢了，不成便要痛下杀手。曹植不假思索，立刻脱口而出："煮豆持作羹，漉菽以为汁。萁在釜下燃，豆在釜中泣。本自同根生，相煎何太急？"这便是赫赫有名的"七步成诗"。曹丕听了以后潸然泪下，没能下得了手，只是把曹植贬为安乡侯。

背景故事的引入，较为全面地交代创作《七步诗》的缘由，揭露统治阶级内部的争权夺利、兄弟之间相互残杀的黑暗场景。虽赞扬曹植才思敏捷，但字里行间流露的都是"应声便为诗"时的凄苦，含泪无助的抱怨，深刻入里的讽喻，读来实在感人肺腑！

借用故事，不仅能够巧妙地理解关键词句，感悟重点段落，还可以厚实人物形象，体会作者表达的真实情感，在提升课堂教学艺术的同时，有效地优化教学重难点的突破。课堂，也在优化中更加精彩。

三、优化语文实践

引入故事，可以优化课前导入和突破重难点。将故事融入教学，还可以优化语文实践活动，提升口头表达、书面写作、审美创造的能力。

（一）用故事改编样式

有些非故事性文本在描述事件、表达情感方面比较抽象，比如诗歌、词曲之类。如果将其改编成形象生动的故事形式，所描绘的意境和所传递的情感将直观可感。

张籍的《秋思》描写的是宦游在外的诗人见秋风秋景后创作家书的情景。在朗读全诗、了解大意的基础上，引导学生用故事形式将诗歌具体化，一首极本色极平淡的像生活一样自然的七言绝句，演变成一个既有完整故事情节，又兼具典型细节的生活故事，真切而又细腻。

又如纳兰性德的《长相思》，同样可以紧扣典型细节，借助故事载体，将词具体化生活化，在发展想象能力的同时提升口头表达、书面创作的能力。

（二）用故事补充留白

现行教材中，尤其是故事性文本，多有留白之处。这些留白是非常好的课程资源。教学中，教师可引导学生将其补充，甚至是以故事的形式予以再现。

部编版二年级下册《青蛙卖泥塘》，先具体讲述老牛、野鸭看到泥塘后发表意见，然后概括地讲述一批小动物们的建议：

后来，小鸟飞来说，这里缺点儿树；蝴蝶飞来说，这里缺点儿花；小兔跑来说，这里还缺条路；小猴跑来说，这儿应该盖所房子；小狐狸说……

对于一批小动物们的意见，文本只是简要概述，并没有具体地描写。因此，在读懂有关老牛、野鸭建议语段的基础上，引导学生将概括性的叙述故事化，呈现不同动物的不同喜好，可以懂得"劳动换得自己居住环境的巨大变化"这个道理。以故事的形式补白，符合儿童认知规律，深受学生喜爱。

用故事改编文本的样式，用故事补充文本中的留白，包括用故事发展学生的口语交际，都是利用故事促进语用的过程。

教师有意识地适当引入一些故事，或者将文本故事化，既冲破语文教学的桎梏封闭，又打破僵化的预设和沉默的沟通，在实现教学优化的同时，于学生心灵与语言文字之间架构一座对话的桥梁，构建了妙趣横生的语文课堂。故事语文教学，连同教师的激情、智慧和创造性劳动，描绘的是新课程绚丽多彩的教学景观。

第三节　　品读故事深化理解

　　读，是学生与作者心灵交汇的起点，是学生了解文本表达意图的开端。品，是借助个人生活经验与文本深度对话获得新的体验感受的过程。

　　《小学语文新课程标准（最新修订版）》在"课程性质与地位"中指出，"语文课程应致力于学生语文素养的形成与发展"。故事语文教学融品、读于一体，通过品读获得知识，悟得道理，习得表达技巧，体味语文学习的快乐。品读，深化了对故事文本的理解。

一、品读的内容

　　品读的内容包括故事语言、人物形象、表达方法、作者意图等。

（一）故事语言

　　品读是基于朗读基础上的一种深度阅读，旨在达到对文本的整体感知和把握，形成敏锐的语言感受能力，获得较为深刻的理性认识和语言运用的实践经验。

　　《在牛肚子里的旅行》一文中，关于青头在危急情况下的表现，描写极为传神：

　　青头大吃一惊，它一下子蹦到牛身上……青头不顾身上的疼痛，一骨碌爬起来大声喊："躲过它的牙齿，牛在这时候从来不会仔细嚼的，它会把你和草一起吞到肚子里去……"

　　青头又跳到牛身上，隔着肚皮和红头说话："红头！不要怕，你会出来的！我听说，牛肚子里一共有四个胃，前三个胃是贮藏食物的，只有第四个胃才是管消化的！"

"当然有用，等一会儿，牛休息的时候，它要把刚才吞进去的草重新送回嘴里，然后细嚼慢咽……你是勇敢的蟋蟀，你一定能出来的。"

这时，青头爬到了牛鼻子上，用它的身体在牛鼻孔里蹭来蹭去。

青头笑眯眯地说："不要哭，就算你在牛肚子里做了一次旅行吧！"

教学时，紧扣青头的神态、动作和语言分角色朗读，边读边想象当时的危急场景，边读边体会青头的焦急、聪慧、镇定和坚定，就能感受它与红头的真挚友情，理解"它们是一对非常要好的朋友"的含义。

（二）人物形象

人物形象是故事文本中最鲜活的存在。正是这一个个丰盈饱满的人物，才构建起故事天地里的大千世界和人生百态。这些人物形象，既来源于现实又高于现实，既是现实生活的写照又是时代生活的缩影，承载着作者的情感态度和价值观。因此，人物形象成为品读的重要对象。

《"凤辣子"初见林黛玉》一文中，关于王熙凤露面后的描写特别传神：

这熙凤携着黛玉的手，上下细细地打量了一回，便仍送至贾母身边坐下，因笑道："天下真有这样标致的人物，我今儿才算见了。况且这通身的气派，竟不像老祖宗的外孙女儿，竟是个嫡亲的孙女。怨不得老祖宗天天口头心头，一时不忘。只可怜我这妹妹这样命苦，怎么姑妈偏就去世了。"说着，便用帕拭泪。

……

这熙凤听了，忙转悲为喜道："正是呢，我一见了妹妹，一心都在她身上了，又是喜欢，又是伤心，竟忘记了老祖宗。该打，该打。"又忙携黛玉之手，问："妹妹几岁了？可也上过学？现吃什么药？在这里不要想家。要什么吃的，什么玩的，只管告诉我。丫头老婆们不好了，也只管告诉我。"

短短二百多字，生动地描述了林黛玉初进贾府与众人相见时的情景。引导学生品读正面描写王熙凤的动作、语言以及侧面描写佣人、贾母对王熙凤态度的语句，辅之以拓展阅读，便不难理解王熙凤言语中的"言外之意"——泼辣张狂、口齿伶俐，善于阿谀奉承、见风使舵，喜欢使权弄势、炫耀权势地位。由此，人物形象立体丰满。

（三）表达方法

表达方法是作者在行文措辞和表达思想感情时所采用的语句组织方式，是文章的重要形式因素，也是衡量文章艺术性的重要条件。常见的表达方法有记叙、议论、描写、抒情和说明。

《桥》以简洁直白的语言、生动具体的描写赞颂了老汉的精神品格。在表达上，故事很有特色：

老汉突然冲上前，从队伍里揪出一个小伙子，吼道："你还算是个党员吗？排到后面去！"老汉凶得像只豹子。

小伙子瞪了老汉一眼，站到了后面。

水，爬上了老汉的胸膛。最后，只剩下了他和小伙子。

小伙子推了老汉一把，说："你先走。"

老汉吼道："少废话，快走！"他用力把小伙子推上木桥。

突然，那木桥轰地一声塌了。小伙子被洪水吞没了。

老汉似乎要喊什么，猛然间，一个浪头也吞没了他。

一片白茫茫的世界。

五天以后，洪水退了。

一个老太太，被人搀扶着，来这里祭奠。

她来祭奠两个人。

她丈夫和她儿子。

除了逼真的环境描写、个性化的动作描写和语言描写，设置悬念是本文的又一大特色。故事开篇并没有交待老汉和小伙子的关系，直到文末才豁然开朗。引导学生细细品读，发现这种设置悬念的布局让人备感意外和惊讶，深深地震撼于不徇私情、英勇献身的老汉用自己的血肉之躯为村民们筑起的生命桥!

（四）作者意图

每一篇故事，都是作者匠心独运的结果。要想真正读懂文本，就得走近作者，读懂作者，了解他的思想观点、情感态度、生活经历，尤其是创作的意图。

《临死前的严监生》中有段绝妙的描写：

赵氏慌忙揩揩眼泪，走近上前道："爷，别人说的都不相干，只有我晓得你的意思！你是为那灯盏里点的是两茎灯草，不放心，恐费了油。我如今挑掉一茎就是了。"说罢，忙走去挑掉一茎。众人看严监生时，点一点头，把手垂下，登时就没了气。

区区百来字，对临死前的严监生的动作、神态、心理做了细致的描写，活脱脱地刻画了一个爱财胜命的吝啬鬼形象。在感受这一形象的同时，如果深入品读，走近吴敬梓的生活经历，将会发现：吴敬梓塑造严监生这一吝啬鬼形象，意在揭示人性被腐蚀的过程和原因，并对当时吏治的腐败、科举的弊端和礼教的虚伪等社会现象进行深刻批判和嘲讽。由此，精炼传神的细节描写和家喻户晓的吝啬鬼形象，都是作者创作意图的寄托和具体表现。

品读内容不仅只是故事语言、人物形象、表达方法、作者意图，还可以依据学生能力和素养，将故事的教育意义、作品影响等纳入品读范畴，以获得更多的认知。

二、品读的方法

故事文本，一般语言优美，思想内涵深刻。品读时，有的着重于品味人物形象的刻画和情节的跌宕，有的侧重于品味细腻的情感和深远的意境之美。品读的角度不同，方法也不一样。

（一）批注式品读

批注式品读是指学生在自主阅读时，对故事语言进行感知，在思考、分析、比较、归纳的基础上，对文本的思想内容、人物形象、表现手法、精彩片段、细节描写、创作意图等用简洁的文字加以描述或说明的读书方法。

《桥》的开头有这样一段描写：

> 黎明的时候，雨突然大了。像泼。像倒。

有学生发现开篇对于"雨"的描写很特别，尤其是"像泼""像倒"这样的表达方式。细细品读之后，他写下这样的阅读感受：

> 本是一句比喻，却连用三个句号、两个词语单独成句，营造了一种危险紧张的气氛，给人很强的冲击力和画面感。

由发现到品读，由品读到写下阅读心得体会，这个过程就是批注式品读。批注式品读是学生个体与文本深度对话的过程，其阅读感悟是个性化的，独特的。

（二）想象式品读

阅读是一种审美活动。无论是童话、神话、寓言还是民间故事、历史故事、小古文故事，都给学生留下了广阔的想象空间。尤其是品读，学生依据知识经验，往往能够在脑海中"复活"故事文本中的场景，包括故事中的情节，人物的样子等。复活的过程，不是对文本所描述内容的简单再现，而是在故事原有基础上融入了自己的许多创造，包括情节的增添、人物动作的细化等。

《小松鼠找花生》中的小松鼠真可爱。当鼹鼠告诉他花生在秋天收获，他就盼望把花生摘下来留着冬天吃。可是，结局让他感到奇怪：

> 他等啊，等啊，一直等到秋天，也没看见一个花生。
>
> 小松鼠感到很奇怪，自言自语地说："谁把花生摘走了呢？"

"谁把花生摘走了呢"，学生自然知道花生藏在哪里。但是，在品读的时候，学生绝不会只满足于找到答案，他们会边读边想象故事的后续发展。有学生这样描述：

> 小松鼠一直没有找到花生，他就去问鼹鼠。鼹鼠说："反正我没有偷花生，

你自己动动脑筋啊！"小松鼠跑回地里，怎么也找不到花生。突然，他想起了红薯，难道花生也埋在地里？于是，小松鼠扒开了泥土。果然，他发现了一串串饱满的花生。小松鼠美滋滋地说："原来花生长在土里啊！"他把花生收回家里，还送了些给鼹鼠，过了一个幸福的冬天。

想象式品读，既再现故事画面，又复活故事情节，还融入学生的个性创造，有利于发展学生的思维。

（三）对比式品读

对比式品读是指把内容或形式相近的两个故事文本或是同一故事文本中前后关联的问题、细节等放在一起，从表现主题、表现方法、人物性格或是遣词造句、表达效果等方面予以比较的品读方式。对比式品读既开阔眼界又注重前后联系，既看到差别又把握共性特点，有效地提升了学生的鉴赏品读能力。

《自然之道》中关于向导的语言描写，有几处地方引人注目：

我和同伴紧张地看着眼前的一幕，其中一位焦急地对向导说："你得想想办法啊！"向导却若无其事地说："叼就叼去吧，自然之道，就是这样的。"向导的冷淡，招来了同伴们一片"不能见死不救"的呼喊。

......

不一会儿，数十只食肉鸟吃得饱饱的，发出的欢乐叫声，响彻云霄。我和同伴们都低着头，在沙滩上慢慢地走。向导一边走一边发出悲叹："如果不是我们，这些海龟根本就不会受到危害。"

向导说的话和他的态度非常关键。起先，看到嘲鸫用尖嘴啄幼龟的头，他若无其事。后来，因为游客的固执而导致数十只幼龟成了嘲鸫、海鸥、鲣鸟的口中之食，导游却发出了悲叹。教师引导学生紧扣导游前后态度的变化，将"悲叹"替换成"感叹"，在对比品读中发现导游并非见死不救，而是懂得自然之道。

（四）评价式品读

评价式品读是指学生在阅读过程中，正确理解故事文本，对故事做出鉴别、判断和评论的品读方式。评价式品读角度多维，既可以整体评价，又可从主题思想、故事情节、人物形象、语言风格等某一个角度进行评价。

《一块奶酪》故事中，关于蚂蚁队长的几处描写真实而又细腻：

蚂蚁队长叼着奶酪的一角往前拽着，也许是用力过猛，一下就把那个角拽掉了。盯着那一点儿掉在地上的奶酪渣，蚂蚁队长想：丢掉，实在太可惜；趁机吃掉它，又要犯不许偷嘴的禁令。怎么办呢？他的心七上八下，只好下令："休息一会儿！"

这时，奶酪旁边只有蚂蚁队长，他偷个嘴，谁也看不见。他低下头，嗅嗅那点儿奶酪渣子，味道真香！可是，他犹豫了一会儿，终于一跺脚："注意啦，全体都有。稍息！立正！向后——转！齐步——走！"

小蚂蚁们从四面八方的草丛里走拢来了。当他们重新聚到奶酪旁边时，蚂蚁队长命令年龄最小的一只蚂蚁："这点儿奶酪渣是刚才弄掉的，丢了可惜，你吃掉它吧！"

在熟悉主要内容的基础上，组织学生重点品读描写蚂蚁队长的句子，联系前后表现深入揣摩其心里想法，对蚂蚁队长就有了如下评价：

蚂蚁队长很可爱。为了把食物运回来，他严禁所有人员偷嘴。当奶酪渣掉下来以后，他差点犯了禁令。但是，纪律性很强的他终于战胜了自己，战胜了诱惑。蚂蚁队长是一个大伙都喜欢的好队长。

评价性品读，不同于读后感，它重在评论和赏析，有助于升华对故事文本的认识，逐步提升审美和鉴赏能力。中高段学生有个性，有思想，适合采用评价性品读。

三、品读的原则

品读是阅读欣赏和评价的过程。抓住关键语句，紧扣人物形象，分析表达方法，把握作者意图，品读就会有意味有收获。

品读须遵循以下原则：

（一）生本性原则

以人为本是故事语文教学的本质特点，也是品读的基本原则。根据罗森塔尔效应，人越受到鼓励，就会越有动力，朝更好的方向发展。教师应该通过多种方式鼓励学生参与到故事文本的品读与对话之中，点燃学生表达的欲望，让他们在思维的碰撞中迸发出新的灵感，获得更深层次的感悟。

（二）个性化原则

学生认知水平不同，理解感悟能力各异，不同的学生品读时会产生不同的阅读体验。牵着鼻子走，品读便失去最重要的真实性和独特性。因而，我们须尊重学生的个性化阅读体验，鼓励个性化品读，让学生融入真实的情感，发表独特的感受，品出与众不同的体验。

（三）开放性原则

故事语文教学是开放的教学。就品读策略而言，不仅品读的内容涵盖故事语言、人物形象、表达方法、创作意图等方面，品读方法也不拘泥于批注式、对比式和想象式。教师可鼓励学生依据个人特点，拓宽品读的范围，探寻适合的品读方式，使感受和体验更加丰富。

品读，摈弃烦琐的讲解和枯燥的说教，将学习主体地位还给学生，让学生在品读实践中感受精妙绝伦的人物对话、一波三折的故事情节、立体鲜明的人物形象、精细入微的细节描写、灵活多样的表达方法。横看成岭侧成峰，远近高低各不同。品读，让学生兴趣盎然，个性表达，构建的是灵动开放的课堂，收获的是语文素养的提升。

第四节　评价故事提升认识

阅读是学生的个性化行为。在引导学生钻研文本，主动积极地思考和情感活动中，教师应珍视学生的独特感受、阅读理解和审美体验，让学生受到情感的熏陶，思想的启迪，审美的愉悦。

《小学语文新课程标准（最新修订版）》在"教学建议"中指出："阅读教学应注重培养学生具有感受、理解、欣赏和评价的能力。这种综合能力的培养，各学段可以有所侧重，但不应把它们机械地割裂开来。"

故事语文教学重视学生对故事文本的评价。实施有效的评价，既能够激发学生对故事文本的阅读兴趣，发展鉴赏能力，又能够在评价过程中认识祖国文化的博大精深，汲取民族的智慧，传承优秀的文化。

一、评价的形式

故事语文教学虽缘起于祖国灿烂的优秀故事文化，但它根植于日常的课堂教学之中。基于课堂教学的特点，故事语文教学评价的外显形式是口头的，也可以是书面的。

（一）口头评价

课堂是进行语言训练的主阵地，培养的是全面发展的人。而口头评价则是语文教学中最直接、使用频率最高的一种过程性、即时性评价，有助于发展学生的语言表达能力。

故事文本不乏精彩之处，闪光之点。大到故事语言、人物形象、表达方法、作者意图，小到细节描写、修辞手法、遣词造句、标点符号，都可以作为评价的对象。而评价的实施，并非以教师的评价分析来代替学生的阅读实践，也不是用集体的讨论掩盖个体的阅读感受。

学生是独立的个体，阅读中产生的观点、意见和看法弥足珍贵。引导学生结合文本选择角度评价，大胆地表达阅读感受，在发展口头表达能力的同时将提升学生的认知能力和鉴赏能力。

（二）书面评价

品读时，学生往往被故事文本中曲折离奇的情节、栩栩如生的人物形象、细致入微的动作神态以及富有个性特点的语言所吸引，沉迷其间并产生评判冲动。这种有意无意的评判冲动，是实施书面评价的最佳动力。

书面评价不同于口头评价，虽然都有评价的对象和内容，但书面评价更注重完整性和严密性。因而，教师得把握好学生阅读评判冲动的契机，引导他们从故事情节、人物形象、细节描写、作品意图等角度进行系统深入地评价。同时，为学生提供实施书面评价的平台，保障书写的时间，促使书面评价尽可能的中肯、清晰和深刻，展现学生的个性化体悟。

二、评价的方法

评价故事，角度不一，评价的方法也就不一样。一般情况下，故事语文教学从人物、情节、表达、影响等方面进行评价。

（一）评价人物知其性格

《小学语文新课程标准（最新修订版）》在"阶段目标"中分学段提出了明确的"阅读"教学目标：

阅读浅近的童话、寓言、故事，向往美好的情境，关心自然和生命，对感兴趣的人物和事件有自己的感受和想法，并乐于与人交流。

能复述叙事性作品的大意，初步感受作品中生动的形象和优美的语言，关心作品中人物的命运和喜怒哀乐，与他人交流自己的阅读感受。

阅读叙事性作品，了解事件梗概，能简单描述自己印象最深的场景、人物、细节，说出自己的喜欢、憎恶、崇敬、向往、同情等感受。

低、中、高三个学段的阅读教学目标，都包含着对人物形象的把握，或对感兴趣的人物有自己的感受和想法，或关心人物命运和喜怒哀乐，或说出自己喜欢、憎恶、崇敬、向往、同情等感受。把握人物形象的过程，就是阅读、欣赏和评价的过程。

现行教材中的故事文本，无论是童话、神话、寓言，还是民间故事、历史故事和小古文故事，都塑造了个性鲜明的人物形象。这些人物形象，有自作聪明下井捞月的猴子、视野狭窄坐井观天的青蛙、得过且过冻死在冬夜的寒号鸟，有善于想办法喝到水的乌鸦、智慧超群称出大象重量的曹冲、智慧风趣巧妙应答的杨氏之子，还有一心治水三过家门而不入的大禹、不畏艰辛为民造福的女娲、顾全大局不计个人荣辱的蔺相如……不同的人物，不同的性格，需要引导学生细细品读，才能形成准确的评价。

《两小儿辩日》围绕太阳在早晨还是中午距离人们远近的问题，以两小儿对话方式展开故事情节：

一儿曰："我以日始出时去人近，而日中时远也。"

一儿以日初出远，而日中时近也。

一儿曰："日初出大如车盖，及日中则如盘盂，此不为远者小而近者大乎？"

一儿曰："日初出沧沧凉凉，及其日中如探汤，此不为近者热而远者凉乎？"

通过对人物语言以及充满矛盾的辩斗过程的品读分析，容易发现两小儿具有敢于探讨客观真理，渴望认识自然现象的强烈愿望，其独立思考、大胆质疑的品质显而易见。意味深长的是，《两小儿辩日》文末还安排了一个简短的对话场景：

孔子不能决也。

两小儿笑曰："孰为汝多知乎？"

两小儿争得面红耳赤，本以为学识渊博的孔子知道结论，谁知孔子竟然也不能决断，一句"不能决也"成了两小儿的笑料！到此，是不是就认定两小儿狂妄无知？是不是认为孔子也不过如此？评价人物形象，既要通过人物语言、动作、心理、行为来分析人物性格，又要注意环境对人物的影响，还要换位思考，设身处地的感受人物的思想感情。基于此，对人物的认识才有新的提升：

两小儿辩日，不管问题多么幼稚和肤浅，却反映古人渴望认识自然的强烈愿望，其独立思考、大胆质疑的品质和探求精神值得赞许。"不能决也、笑曰"，不但没贬低孔子，反而说明孔子是个实事求是、敢于承认自己不足的诚实之人。同时，也反映了两小儿的率真，童真可贵。

当然，对人物的评价也不苛求面面俱到，抓住其中一点或几点展开，言之有理即可。

（二）评价情节知其内涵

故事情节一般包括开端、发展、高潮和结局等部分。因为故事来源于生活，因而比现实生活中发生的事件更加集中，更加完整。

故事情节的安排是讲究艺术性的。有的故事情节平铺直叙，按照事件发生、发展的先后顺序来写，脉络分明，层次清晰，比如《小蝌蚪找妈妈》《小猴子下山》；有的跌宕起伏，一波三折，情节发展往往出其不意，如《漏》《牛郎织女》；有的故设悬念，烘托气氛，不断造成某种急切期待和热切关注，牵动着读者的好奇心和求知欲，如《总也倒不了的老屋》《不会叫的狗》；有的看似重复，实则层层推进，揭示了人物的性格特点，如《小猴子下山》《青蛙卖泥塘》……不同的情节，造就了故事内涵的丰富与多彩。

《蜘蛛开店》是一篇有趣的童话，主要讲述一只蜘蛛因为寂寞无聊决定开一家商店。他卖口罩，来了一只河马，织口罩用了一整天；卖围巾，来了一只长颈鹿，织围巾忙了一个星期；卖袜子，来了一条四十二只脚的蜈蚣，吓得赶忙逃回网上。故事情节虽然简单，但也一波三折。在了解故事内容的基础上，引导学生重点关注并评价情节，将会发现内涵特别丰富：

蜘蛛从卖口罩改为卖围巾，再换成卖袜子，想的都是"织起来很简单"。蜘蛛思考问题的方式虽然很简单，但是结局却往往出人意料：本想图轻松，偏偏迎来嘴巴最大的河马要买口罩，脖子最长的长颈鹿要买围巾，脚最多的蜈蚣要买袜子，三个特殊顾客让口罩、围巾、袜子织起来都很不简单。本可以依据大小、长短、数量来确定价格，但他每次总是"每位顾客只需付一元钱"，最后只能被"吓得匆忙跑回网上"。

阅读时有意识地对故事情节进行评价，将提升学生对故事的感受能力。还是上述故事，如果细细研读下去，还会有新的发现，获得较为全面的认识：

卖口罩、卖围巾、卖袜子三个部分都是按照"蜘蛛想卖什么—写招牌—顾客是谁—结局"的顺序来叙述，情节类似，写法大同小异。同时，有关蜘蛛的三次想法，无论内容还是形式，都采用"卖什么吧，什么织起来很简单"格式。越是简单反复的情节，越让人觉得蜘蛛头脑简单，办事不够灵活，让人发笑。

（三）评价细节知其精彩

细节，是一种能影响全局的细微的但又能起关键作用的小事。在文艺作品中，细节服从于主题表达的需要，多描绘人物形象，揭示人物性格，推动事件发展。它往往用看似简单实则精彩的笔墨，将人性细腻地展现。

教学故事文本，不能不关注细节。《枣核》讲述了一个身体只有枣核那么大的小孩子帮助父母干活、帮助乡亲们追回牲口、智斗县官的故事。其中，关于智斗县官的描写非常细致：

牲口没了，官府岂能善罢甘休。天一亮，县官就带着衙役去捉人。枣核蹦出来说："牲口是我牵的，你们要怎么样？"县官叫着说："快给我绑起来！快给我绑起来！"

衙役们拿出铁链来绑枣核，噗的一声，枣核从铁链缝里蹦了出来，站在那里哈哈大笑。衙役们急得不知怎么办才好，县官说："把他塞进钱褡里，背到大堂去！"

县官坐了大堂，把惊堂木一拍，说："给我打！"

衙役们打这面，枣核蹦到那面去，打那面，枣核蹦到这面来，怎么也打不着。县官鼻子都气歪了，脸涨得通红，嚷道："多加几个人，多拿几条棍，给我狠狠地打！"

枣核这次不往别处蹦，一蹦蹦到了县官的胡子上，抓着胡子荡秋千。县官直喊："快打！快打！"衙役一棍子打下去，没打着枣核，却打着县官的下巴骨啦，把县官的牙都打了下来。满堂的人慌了起来，跑上前去照顾县官，枣核大摇大摆地走了。

衙役们用铁链绑枣核，他从铁链缝里蹦了出来；衙役们打枣核，他就蹦来蹦去，怎么也打不着，枣核的机智聪明被刻画得活灵活现。其实，学生最喜欢的还是"一蹦蹦到了县官的胡子上，抓着胡子荡秋千"这个细节。有学生这样评价：

蹦到县官胡子上抓着胡子荡秋千这个细节写得真好，最能够反映枣核的智慧，因为这样可以将衙役的打引到县官身上，衙役们打枣核其实就是打县官。枣核就是借着衙役们的手狠狠地惩治了县官，为乡亲们出了一口气。还有荡秋千这个动作，看上去自由自在，实际上描写了枣核智斗县官胜利时的那种开心样儿。

没有细节，就没有艺术。没有细节描写，故事就没有个性丰富的人物形象。《枣核》中，小小的动作，精致的细节描写，细致入微的评价，让学生印象深刻。

（四）评价写法知其匠心

故事文本，尤其童话、神话、寓言、历史故事和小古文故事，大多文质兼美，写法也各具特色。

《小毛虫》是一篇寓言故事，讲述一条可怜而又笨拙的小毛虫羽化成为美丽蝴蝶的过程，充满人文气息和童趣。开篇，作者将"笨拙"的小毛虫与大大小小"又是唱，又是跳，跑的跑，飞的飞"的昆虫对比，表现小毛虫的笨拙和貌不惊人：

一条小毛虫趴在一片叶子上，用新奇的目光打量着周围的一切：大大小小的昆虫又是唱，又是跳，跑的跑，飞的飞……到处生机勃勃。只有它，这个可怜的小毛虫，既不会唱，也不会跑，更不会飞。

小毛虫费了九牛二虎之力，才挪动了一点点。当它笨拙地从一片叶子爬到另一片叶子上时，它觉得自己仿佛周游了整个世界。

当小毛虫羽化为一只"灵巧"而又"轻盈"的蝴蝶，与当初"笨拙"的小毛虫形成鲜明对比，展现小毛虫不悲观、不失望，最终脱胎换骨的形象。

时辰到了，它清醒了过来，再也不是以前那条笨手笨脚的小毛虫。它灵巧地从茧子里挣脱出来，惊奇地发现自己身上生出了一对轻盈的翅膀，上面布满色彩斑斓的花纹。它愉快地舞动了一下双翅，如绒毛一般，从叶子上飘然而起。它飞啊飞，渐渐地消失在蓝色的雾霭之中。

前后两次对比，除了使情节更加生动，还凸显文章主旨，丰富了小毛虫自信、坚定、尽心竭力的形象，与丑小鸭变成天鹅的故事有异曲同工之妙。而这，正是作者达·芬奇创作意图之所在。

（五）评价文体知其特征

童话，通过丰富的想象、幻想和夸张来塑造形象，反映社会生活。其往往采用拟人的方法，赋予虫鱼鸟兽、花草树木以生命和人的思想感情，语言通俗生动，情节离奇曲折。寓言，言简意赅，是用比喻性的故事来寄托意味深长的道理，其故事主人公可以是人，也可以是拟人的动植物或其他事物。神话，想象丰富，是远古时代人民所创造的反映自然界、人与自然的关系以及社会形态的具有高度幻想性的故事……不同的文学样式，特点不一，各具效果。

《盘古开天》脉络非常清晰，先讲述盘古醒来后劈开混沌及天地的形成，然后讲盘古头顶天、脚踏地的壮举，最后讲盘古倒下后发生的变化。故事处处充满神奇的想象：

很久很久以前，天和地还没有分开，宇宙混沌一片，像个大鸡蛋。有个叫盘古的巨人，在混沌之中睡了一万八千年。

天每天升高一丈，地每天加厚一丈，盘古的身体也跟着长高。

这样过了一万八千年，天升得高极了，地变得厚极了。盘古这个巍峨的巨人就像一根柱子，撑在天和地之间，不让它们重新合拢。

……

盘古倒下以后，他的身体发生了巨大的变化。他呼出的气息变成了四季的风和飘动的云；他发出的声音化作了隆隆的雷声；他的左眼变成了太阳，照耀大地，他的右眼变成了月亮，给夜晚带来光明；他的肌肤变成了辽阔的大地；他的四肢和躯干变成了大地的四极和五方的名山；他的血液变成了奔流不息的江河；他的汗毛变成了茂盛的花草树木；他的汗水变成了滋润万物的雨露……

就是这种神奇而又大胆的想象，塑造了盘古雄伟高大的形象，赞美他为开辟天地而勇于献身的精神。不仅于此，通过品读语句，评价想象的作用，还让学生较为深入地认识了神话的特征。

评价不同的故事样式，会获悉不同文体故事的主要特征，加深对故事文学的认识。

三、评价的原则

评价故事中的人物，可以知其性格；评价故事情节，可以知其内涵；评价故事细节，可以知其精彩；评价故事写法，可以知其匠心；评价故事文体，可以知其特征。

评价时，须遵循以下原则：

（一）针对性原则

有效的评价，必须要有明确的对象，使评价有的放矢，而非信马由缰。故事语文教学内容是开放的，形式是灵活的，但评价需要针对具体的内容进行，或人物形象，或故事情节，或细节描写，或写作方法，或体裁样式。教师在课堂教学中要扮演好"舵手"的角色，及时给予"偏离航线"的学生以提醒、点拨和引导。这样，评价就不会成为流于形式的虚假热闹，而是富有意义的思维碰撞和智慧交流。

（二）激励性原则

教育的艺术不在于传授本领，而在于激励、唤醒和鼓舞。作为语文教师，不只是传授知识，还要训练学生的语言表达能力、思维能力，进一步激发学生主动学习的热情。因而，评价时，教师应激励学生大胆地提出观点，主动地发表看法，通过师生互动、生生交流获得丰富的收获。

（三）多样性原则

莎士比亚说："学问必须合乎自己的兴趣，方可得益。"如果教师像魔术师一样，通过各种巧妙的手段吸引学生的学习兴趣，故事语文教学就会赢得学生的青睐。因而，评价的方式也应该丰富多样，不局限于一段文字，可用三两行语句表达，一两句诗词陈述，不断推陈出新，充分激发学生的表达欲、评价欲。

立足故事人物、情节、细节、写法和文体等对象实施评价，既尊重了学生个性，鼓励了自由表达，培育了创新思维，又让学生对故事人物形象的感知、故事情节的设置、细节描写的作用、常用写法的效果、故事文体的特征拥有了较为深刻的认识。故事语文教学，也将伴随评价而焕发出新的生命力。

第五节　　编写故事学以致用

王崧舟老师曾在《语文的生命意蕴》一书中说过："生命在本质上或许就是一种写作，正是写作确证了人之为人的存在。"人生下来就有表达的需求，从牙牙学语的口头表达到初次执笔书写心意，每一次表达能力的提升都是成长的印记。

编写故事，是从阅读到写作的落地，是输入到输出的一次转化。符合儿童形象思维，吻合儿童生活情趣的故事编写，能够带领学生享受创作的快乐，收获写作的自信。

一、编写故事的意义

编写故事不仅仅是完成原有故事的创作、补白、扩编、续写、改编，它将运用转化的神奇密码，想象创新，读写结合，既激发学生的读写兴趣，又发展思维、表达能力，帮助学生实现新的成长。

（一）激发读写兴趣

种下一颗种子，期待满园收获，学习也是如此。学生编写故事，像是在肥沃的土地上满怀希望地播种，期盼能够收获一个个属于自己的精彩故事。于是，学生看图创作、补充留白、扩编情节、续写结局……在故事里，他们是主宰，是角色，更是设计师，喜怒哀乐尽情抒发，悲欢离合依情设计，一切都是酣畅淋漓！这种成就感，必将成为学生学习兴趣的源泉，激发他们以更大的热情去阅读去写作。

（二）培养想象创新

依照文本实际编写故事，融入了学生的主观意愿和情感、态度、价值观。

这一过程中，学生的思维被激活，思绪在飞扬。在他们想象的世界里，什么都有可能：不会飞的小猪可能插上了翅膀，乌鸦可能想到更好的方式喝水，亡羊补牢的侥幸心理可能还在延续，龟兔赛跑的情节可能会更精彩……有想象就会有创新。编写时，学生会让留白的情节更丰满，让后续的发展更生动，甚至重新构建新的故事情节。编写，让学生在绚丽多彩的世界中超越现实，获得精神上的愉悦。

（三）凸显学生主体

编写故事是学生在阅读积累、品读感悟的基础上，依据个人已有的知识经验和认知水平，结合生活经验而进行的想象创新。编写时，学生是学习活动的主体，教师仅仅起到激发兴趣、激活思维、引导推动的作用，诸如补充留白、简单情节具体化、续写后续发展、改编故事情节、利用角色重新创作、欣赏评价等实践活动，则由学生自主完成，凸显了其主体地位，发展了想象创新、布局谋篇、表达运用的能力。

二、编写故事的方法

学生编写故事的能力呈阶梯状上升。因而，编写方法应依据学生心智年龄特征和认知能力水平，由浅入深，由简单到复杂。编写方法主要有看图编写、联词编写、补充留白、扩编故事、续写情节、改编故事等。

（一）看图编写

看图编写是低年段学生编写故事的最基本的方法。学生在对照课本看图学故事的基础上，已经初步养成边看图边学文的习惯。图画，促进了学生的观察能力、想象能力以及语言表达能力的发展，成为学生理解故事文本的重要依托。随着教学的深入，学生逐渐具备看图说故事、写故事的意识和能力。于是，在没有文字提示的情况下，学生一般会根据一幅图所描绘的情境，联系生活，具体化图画中的人物、环境和情节，自觉地编写故事。两张及以上的图画，角色可能较多，情节会更复杂，教师要引导学生仔细观察，找到图画之间的联系，揣摩角色的性格特点，推测情节的走向。这样的编写训练，有助于提高学生的观察能力和逻辑推理能力。

（二）联词编写

看图编写基于图画视觉基础，联词编写则由词语触发产生。积累词语的时候，我们一般采取识记、听写、释义等方式达到掌握的目的，但单一枯燥的方式难以让词语鲜活地融入生活，难以内化成为学生自己的语言。如果将词语放入具体的语境，它们将犹如精灵一样充满活力。于是，选择几个词语，引导学生联系词语编写一个生动有趣的故事，就成为积累词语的有效方式。词语成了触发故事、编写故事的引子。

部编版二年级上册语文园地五"字词句运用"板块，要求积累以下四字词语：

一言不发　　不言不语　　三言两语　　千言万语

默默无语　　少言寡语　　自言自语　　甜言蜜语

教学时，可以在识记的基础上组织学生运用词语说话造句，扩充并积累其他表示"言语"特点的词语。为了加深理解，还可以鼓励学生从中选择两至三个词语，联词编写自己喜欢的小故事。当然，根据二年级学生实际情况，需适当补充一些描述场景、情节、人物特点的词语，以帮助学生顺利完成编写。

到了中高段，教师则可以挑选几个词语，引导学生自由编写。这种只提供词语，而在角色设定、主题安排和情节设计上没有过多限制的联词编写，有利于凸显学生的主体地位，发挥想象创新。

（三）补充留白

无论是低段图文结合的文本，还是中高段纯文字性的故事，为了突出主体与重心，往往省略一些故事情节，给我们以想象的空间。这些有意或无意的留白，能够激发学生想象，发展创新思维，是非常宝贵的教学资源。

《红马的故事》语言极富儿童化，既贴近学生生活，又通俗易懂，很受学生欢迎：

老师一排排地"巡逻"，一面笑一面点头，不时帮同学补上一两笔。老师走到我旁边，笑着问："画好啦？这是什么马？"

"这是红马。"我指着两匹用蜡笔涂得周身通红的马。我很奇怪，老师居然会认出这两个怪物是马。

"马为什么是红色的？"

"因为赛跑很热嘛！"

"哈哈哈！"老师放声大笑，说："很好，很好！就是要这样画！"

片断展示了小作者画红马受到老师充分肯定而喜出望外的情景。学生是最富于想象的。读到上述情景，他们内心的激动肯定无法掩饰：

小作者画了红马被老师肯定，要是我，会画什么呢？其他同学呢？我们会得到老师怎样的评价？

引导学生补白这些情节，故事将更加丰富，也将个性化地呈现学生的真实愿望，展现内心的那份好奇和激动。

（四）扩编故事

古诗词是祖国优秀文化宝库中的明珠。虽然才寥寥几行，但内涵丰富，意境深远，多蕴含精妙的故事。教学古诗词，为深化理解，可把握学生心理，顺势引导他们将简短的诗词扩编成情节丰富、人物个性鲜明、富有情趣的故事。

《清平乐·村居》描绘乡村一个五口之家的生活环境和生活画面，表现人情之美和生活之趣。有学生将词扩编如下：

词人闲居带湖期间，没有了往日的金戈铁马，没有了疆场厮杀的惨烈，不用操劳军务，倒也清闲安静了许多。

一天，暑气消退。词人闲来无事，沿着门前的村道一路随意而行。也不知翻过了几个山头，拐过了几片树林，突然眼前一亮：一条弯曲的小溪出现在面前，高高低低的蒲草将小溪妆扮得一片葱绿。走近一看，蒲草茂密，流水淙淙，蜻蜓偶尔驻足蒲草尖交谈，青蛙无忧地划过水面，淡淡的花草香萦绕着溪涧……词人沿着溪涧边走边欣赏，他都快要醉了。

一路前行，溪涧旁边出现了一间矮小的蒲草铺顶、泥土作墙的茅草房子。门前的枣树下，老汉嗒吧嗒吧地抽着旱烟，老妇低着头，好像在缝补衣服。

"老头子，还记得当年么？你追我，那可叫作一个用心啦……真没有想到会嫁给你。"

"不嫁给我你嫁给谁啊？你老糊涂啦，明明是你追的我，还老说是我！"老汉抬起头，"想当年，我英俊潇洒，你漂亮贤惠，对吧？哈哈。"

"死老头子，人家就是让你承认一回，不行吗？"老妇伸过手来，轻轻地掐了一把老汉，"真会说话，反倒把自己吹捧了一番。哼！"

"好好好，是我追你，你当时好年轻好漂亮，美得像一朵花！"老汉剥了颗莲蓬送到老伴的嘴里，然后深情地看了老伴一眼，又望了望正在编织鸡笼的二儿子，"老婆子，老二手艺不错，来年多喂几只鸡啊！"

"好嘞！"

"老大干农活真是一把好手。你看东边那片黄豆苗，长势喜人啦！"

"就是老三，还是个调皮鬼。又不知玩到哪里去了。"老妇抬头望了望溪头，继续穿针走线。

……

好可爱的老两口！词人惬意地笑了，沿着溪涧继续往前走。在溪涧东头，一个年轻的小伙子正挥舞着锄头，在给黄豆地松土。看样子，他应该是老两口的大儿子了。两个儿子都能够干活了，真是好福气。

水面越来越宽，蒲草越来越稀疏，空气中弥漫着淡淡的荷的清香。词人一阵兴奋。不远处，一片片翠绿的大荷叶，还有刚开苞的荷花，都亭亭玉立。走近一看，荷叶当中还有好些鼓着大眼睛的莲蓬呢！

有山有水，有蒲草还有莲蓬，真是个好地方。

突然，词人发现溪涧边小路上，竟然趴着一个小男孩。他一边哼着连他自己都可能听不懂的小曲，一边摆弄着双腿，正在尽情地吃莲蓬呢！他，应该就是老两口所说的调皮鬼老三吧。

茅檐低小，溪上青青草。醉里吴音相媚好，白发谁家翁媪？大儿锄豆溪东，中儿正织鸡笼。最喜小儿亡赖，溪头卧剥莲蓬。

好舒适的乡村生活！词人几乎忘记了回家。

（作者：欧阳满）

——《清平乐·村居》扩编

扩编之后的《清平乐·村居》，展示一家老小的不同面貌和情态，并把他们的农家生活描绘得有声有色，活灵活现。村居如画，清新而又宁静。

诗词可以扩编，小古文也可以扩编。扩编之后的故事比照精练隽永的古诗词、小古文，相得益彰，各具情趣。

（五）续写情节

续写情节，是指从原文出发，遵循原文的思路，对原文做自然的延伸，做到中心事件不变，叙述人称不变。也就是按照原有的叙述角度，围绕中心事件来续写新的情节。续写情节原本属于补充留白中的一种，但因补充的情节较其他补白生动丰富，创新成分更多，所以编者将其单列成一种编写方法予以说明。

部编版三年级上册《那一定会很好》是一篇童话故事，讲述一粒种子长成一棵大树，被砍伐后做成手推车、椅子、木地板的故事。因为故事基本上按照"做成什么—作用—被拆做成新的东西"的结构编排，与绘本《爷爷一定有办法》结构类似，很容易激发学生想象做成木地板以后发生的故事。引导学生续写，学生将会补充其他情节，如做成小鸟的笼子、七巧板、柜子下边的垫木、小猫玩耍的小圆片……

因为续写是对原文的延伸，所以续写前要熟读原文，使故事情节烂熟于心，准确地把握人物性格，透彻地理解全文旨意，续写才会合情合理。另外，如果原文以写人物为主，续写部分的人物性格必须与原文一致。就算人物性格有些发展变化，也要合情合理。

（六）改编故事

低段学生在广泛地阅读了童话、绘本、寓言故事之后，多会产生创作的冲动。这种冲动，基于学生对已有故事的理解，基于学生已有的生活经验。在他们的认知世界里，井底之蛙或许会跃出井口，小猴子下山可能会满载而归，乌鸦应该可以找到更省事的喝水办法。教师引导他们改编故事，学生多依据原有的角色，创造一个崭新的情节，赋予原有故事更多的含义。比如《蜘蛛开店》，有学生就结合自家开商店的经历，将其改编成一个全新的故事，梗概如下：

因为卖口罩遇上嘴巴那么大的河马，蜘蛛忙了一整天才织完，关键是只赚到了一块钱。蜘蛛发现自己亏大了，于是调整了售卖办法，改为依据顾客身体部分的大小、长短、高矮、数量来收取费用，并在质量上下功夫。后来，蜘蛛积累了许多的开店经验，赚了不少的钱。

改编原有的故事，呈现不同于一般的情节，故事新编给人耳目一新的感觉。

三、编写故事的原则

看图编写、联词编写、补充留白、扩编故事、续写情节、改编故事等编写方法，虽然方法各异，但须遵循以下原则：

（一）一致性原则

看图编写、补充留白、扩编故事、续写情节等方法，虽然给予学生较大的想象创新空间，但是，这种想象和创新并非天马行空，并非脱离原有图画、文本的结构与设计意图，而是对原有文本进行补充、再现、拓展和具体化。因而，编写部分的情节、人物性格、言语表达、写作特点等，得吻合原有图画、文本，风格与之保持一致。

（二）渐进性原则

编写不可能一蹴而就。从看图编写、联词编写到续写情节、改编故事，是一个由浅入深、由易到难的实践过程。因此，教师应该在不同的学段选用适合的编写方法引导学生学会编写，实现由扶到放、由仿写到创作的渐进过渡。同时，教师还得敏锐地体察学情，根据学生的编写能力、编写效果，合理地设置阶段性编写目标和评价标准，使编写贴近学生实际，有的放矢而不随意拔高。

（三）创新性原则

编写过程不是简单的再现，它融合学生个体的认知，汇入学生独特的感悟，还受情感、态度和价值观的影响。因而，看图编写、补充留白、扩编故事虽然受原文情节、风格的制约，但学生仍可充分地想象，创造性地再现情节。至于联词编写、续写情节、改编故事等，则给予学生更大的想象和创新的空间。

学生成长过程中所激发的想象火花、编写灵感，是故事语文教学中最宝贵的财富。及时地呵护，用心地培育，想象创新的火花和灵感将如星星之火可以燎原。从看图编写到改编故事，从模仿走向原创，故事语文教学讲章法有策略，显智慧出新意。当学生用稚嫩的笔尖描绘心中的梦想，用美妙的故事展示童真，他们的童年和成长路上一定不缺少精彩的故事！

第六节　展演故事绽放风采

中华文化浩如烟海，故事是语言文化中极具魅力的部分。学习故事，是一个浸润传统文化、夯实文化底蕴、增强文化自信的过程。

阅读故事、引入故事、品读故事、评价故事……一路走来，孩子们在故事中徜徉，在故事中汲取，逐步用奇思妙想在自己的想象世界里塑造着一个又一个鲜活的形象，还用自己的童真、童趣和童稚演绎着精彩纷呈的故事，让鲜活的故事浸染美妙的童年。这些印记，哪怕满是"孩子话"和"孩子气"，都是宝贵的成长足迹。

与故事相识相知，就是一个不断认识、不断积淀的过程。随着厚积薄发，创作的冲动、讲演的冲动、表演的冲动都在孩子们的心里萌发，为故事而不吐不快、不表现不酣畅的愿望愈来愈强烈。于是，展演故事就成为学生展示童真、童趣和童稚以及绽放风采的重要途径。

一、展演故事的意义

展演故事，有别于课堂教学，它是基于课前阅读、课上教学之后的拓展延伸，既培养学生的自信，又利于发展创新，还是对故事语文教学效度的检验。

（一）培养自信

前面章节中曾提到，学生视野狭窄、阅读匮乏、思维固化、能力低下已经严重地影响到学生的发展，这其中就包括自信力的缺失。缺乏自信的学生，不敢大声朗读，不想与人交往，难以提出独特见解，甚至连正视别人、咧嘴大笑都会矜持和紧张。

展演故事，能够培养学生的自信。课题组某实验教师曾遇到一个特别的学生，因为自闭而整天默默无闻。自开展读故事、讲故事以来，他竟然着迷了。后来，他勇敢地迈出了第一步，站在了班级课前分享故事的展示台上！之后，他又登上了学校"班班一台戏"大舞台。就是这样一次又一次地展演，他拥有了成就感，自信地跨进学校广播室，登上了升旗台，走在了成长的大道上。

（二）发展创新

教学活动中，根据学科性质、语言特点，凭借教材和其他教学载体，营造宽松的环境，尊重学生的个性，采用适合的教学策略，有利于在习得语言、接受文化熏陶的同时激发学生的创新欲望，发掘创新潜质，培养创新精神、创新能力和创新人格。

故事展演多采用组织故事作文、创作连环画册、讲演故事比赛、表演故事剧本、推送故事作品等方式。组织现场故事作文，学生思维灵动，思绪飞扬，作品各具特色；讲演故事比赛，内化文本知识，丰富故事情节，人物形象立体丰满；表演故事剧本，调动音乐、美术、舞蹈、表演、演讲、设计等艺术形式，自编自导自演，使故事文本戏剧化，故事情节舞台化，发展了学生的创造性思维和能力；推送故事作品，或习作，或讲演，或表演，极大地激发了学生的创新思维，增强了对故事的热爱和情感。

（三）检验效度

故事语文教学是新课程改革背景下语文教学的一次大胆尝试和探索，阅读故事、引入故事、品读故事、评价故事、编写故事，实践效果到底怎样？学生是否走出了视野狭窄、阅读匮乏、思维固化、能力低下的的困境？听、说、读、写等能力是否得到提升？阅读、表达、想象、欣赏、创新、评价等素养是否实现了发展？

故事展演是故事课堂教学之后的展示活动，既夯实基础，又鼓励创新；既注重口头表达，又重视书面创作；既突出学科特点，又融合其他艺术元素。因而，涵盖现场故事作文、创作连环画册、讲演精彩故事、表演故事剧本、推送故事作品的故事展演，能够有效检验故事语文教学的效度。

二、展演故事的方法

展演故事涵盖现场作文、创作连环画册、讲演和表演故事等方法。就展演的层面而言，包括班级展演、年级展演和校级展演等。

（一）组织故事作文

经过一段时间的阅读、讲演和编写，故事成为学生了解祖国文化，探索曾经未知世界的一扇窗。与此同时，学生也在阅读学习中积淀成长，包括语文能力的提升和语文素养的培育。

现场故事作文是学生在指定时间内完成故事作文创作的一种实践活动，多带有一定的竞赛性质。依据创作方式，一般包括补写情节、续写发展、联词创作、故事新编等。

补写情节、续写发展具有相似之处，都是先提供故事文本，然后要求学生在同一时间内补充某个留白的情节，或是续写故事的发展。这种补写情节、续写发展的创作多为片断。但是，补写情节内容相对集中，指向性非常明确，但创新的范围较窄。而续写发展则留给学生较多的想象发展空间，情节也可能受学生认知程度、语文素养的影响而具有多样性、独特性，因而续写更具创新性。

联词创作、故事新编与补写情节、续写发展差别较大。虽说也是在同样的时间内完成现场故事作文，但所用时间较长，给予学生想象创新的空间更大。联词创作依据两个或几个词语编写故事，角色、情节和创作意图都会因人而异，有可能出现百花齐放的效果。故事新编则依据原有故事的角色，改变或调整原有的情节，赋予故事全新的面貌和意义。

补写情节、续写发展、联词创作、故事新编，有利于展示学生的想象、创新和表达的能力。

（二）创作连环画册

小学中低段教材多图文结合，尤其是一些故事文本，往往通过生动的文字描述并配以精美的图片。

学生平时所接触的绘本，是"画出来的书"。它以绘画为主，并附有少量文字，不仅讲故事，还帮助学生学知识，建构精神世界，是小学生比较喜欢阅读的课外书。但是，绘本并不强制要求故事性，优秀的绘本往往将深刻的人生哲理蕴含其间，以至于中低段学生阅读绘本时经常需要教师、家长们予以引导。

相比绘本，连环画的画面内容表现文字内容，文字内容在一定程度上又补充画面内容，二者相得益彰。虽然是用多幅画面连续叙述一个故事或介绍事件，但容量不大，较少说理，便于学生理解，也深受学生喜爱。

因而，学生在学习课本故事的时候，一旦情到深处，产生创作的冲动，则赋予喜欢的花草树木、小猫小狗、父母亲朋以新的角色和情感，构建富有情趣的崭新故事。受连环画的影响，他们边绘制图画，边配写文字，往往能够创作类似于"小人书"样式的连环画册。一个故事便是一本画册，一本画册便是一次富有童真的情感、认识经历。"你真了不起！""好精美的画册！"当一本又一本连环画册展现在教师、父母、朋友和同学面前，学生的成就感和喜悦感是无法用言语来描述的。画册，将成为学生永不褪色的美好记忆！

（三）讲演故事比赛

精美的故事，常常让学生爱不释手，沉迷其间。而讲故事，是学生阅读故事之后的重要输出途径。当阅读达到一定数量，积累发展到一定程度，学生乐意分享故事的时候，组织班级、年级讲演故事比赛，会进一步激发阅读兴趣，提升语言表达、逻辑思维能力。同时，借助展示机会，还能触动孩子的情感，增强自信。

班级讲演比赛，可以依据学生表达能力、语文素养高低分成两至三个组，实施同水平学生竞赛，同水平学生评比。至于故事的类型，可以依据年级确定，低段安排童话、绘本，中段选择寓言、童话、神话，高段选用民间故事、历史故事和小古文故事。故事的来源，应体现开放性，既可由学生选择课本内故事，也可选用课外喜欢的故事，还可以讲自己创作或是改编的故事。比赛的评委，则由学科教师、学生代表、家长代表共同组成。

年级讲演比赛，多由年级长、备课组长协调年级、备课组进行，所参赛的选手由同年级每个班级推荐。所采用的故事类型、故事来源、评委方式基本上与班级赛相同。所不同的是，观众由班级扩大到了整个年级的同学，甚至家长也参与其中。

讲演比赛虽然是以讲故事为主，但是依据故事的特点，学生可适当地搭配头饰、服饰和简单的道具，还可以配乐边讲边辅之以动作、神态，使讲故事绘声绘色。

（四）表演故事剧本

小学生喜爱模仿，具有较强的表演能力和表现欲望，能够将多种场合的人物表演得惟妙惟肖。因而，将故事以表演剧本的形式呈现，符合学生的认知和心理特征，能够促进学生对故事文本和社会生活的理解，有利于发展创新能力、审美能力、组织能力、表达能力和舞台表演能力。

依据故事来源，故事表演分为课内故事表演、课外故事表演、自编故事表演等几种形式。课内故事表演，即平常所说的课本剧表演。课本剧表演和课外故事表演，都是以原有故事文本为主体，既忠于原有故事，又在原文基础上有所创新。所谓的创新，并非更改原有故事情节，而是使情节更具体、语言更生动、人物形象更鲜明，将文本故事立体化、视觉化。因而，将故事改写成剧本时，教师需指导学生读懂故事，梳理故事情节，完善留白环节，使故事清晰流畅。同时，还得将叙述性的故事语言改成表演性的角色语言、有声语言；将抽象性的动作、神态细化成具体可感的一举一动、一颦一笑等肢体语言。这样，表演才能环环相扣，层层推进，富有感染力。自编故事相对课本剧表演、课外故事表演更具挑战性，不但要创作好故事（包括改编和新编），还得将故事改编成表演脚本，因而更需要团队协作和教师的指导。

鲜活的形象，催人奋进；平凡的举动，感人至深；温馨的场景，难以忘怀。登上舞台的孩子，尽情地表现，忘情地绽放，谁说孩童的故事不精彩？

（五）推送故事作品

信息技术高速发展的今天，除了组织故事作文、创作连环画册、讲演故事比赛、表演故事剧本之外，还可以通过 QQ、微信等网络平台展示。课题组在实践过程中，重点推出面向社会的微信公众号。在微信公众号平台，家长能够欣赏孩子朗读故事的音频、视频作品，观看孩子们创作的绘本、故事作文，还能够欣赏讲演故事、表演故事的精彩录像，感受竞技时的宏大场面与孩子的出色表演。

具有即时性的网络平台展示，既便于家长及时了解孩子阅读故事、讲演故事、编写故事和表演故事的真实情况，又带给学生极大的成就感，激发他们投入到更丰富的实践中去。

比如前面提到的"五个铃铛"微信公众号平台，不仅有效地调动了学生的积极性、主动性，还提升了学生的语文素养和教学质量，实现了教师与学生的同步成长。

三、展演故事的原则

在组织故事作文、创作连环画册、讲演故事比赛、表演故事剧本、推送故事作品的时候，我们坚持激励性、创新性和发展性原则，努力帮助学生实现不同程度的发展。

（一）激励性原则

激励是教师引导学生产生有利于实现学习目标、达成教学效果的行为过程。故事展演过程中，组织学生故事作文大赛、创作连环画、讲演故事、表演故事、推送故事作品，都只为激发学生个体的学习动力，以调动其学习的积极性。尤其是依据学生表达能力、语文素养高低分组实施同水平学生竞赛，同水平学生评比，能够有效地激发不同层面的学生积极参与，获得展示、竞技的荣誉感和成就感。

（二）创新性原则

展演故事过程中，创新性体现得淋漓尽致。组织故事作文，补写情节、续写发展、联词创作、故事新编，学生作文形式多样，作文空间独立自主，有利于学生想象创新；创作连环画，学生边绘图边配文字，依认识而设计，据梦想而创造，情感流淌在笔尖，思维跃动于画册；讲演故事比赛，分水平竞技，分批次亮相，师生家长同参与，既发展讲演能力，又增强语文自信；表演故事剧本，集文学、音乐、美术、戏剧于一身，融创作、改编、排练、演出、欣赏、评价于一体……包括推送故事作品，创新贯穿于展演整个过程。

（三）发展性原则

展演故事的目的不在于形式，而是通过展演帮助学生提升语文能力，发展语文素养，增强语文自信。无论是组织故事作文、创作连环画册，还是讲演故事比赛、表演故事剧本、推送故事作品，学生参与其中，乐在其中，听、说、读、写等能力得到发展，阅读、表达、欣赏、审美、评价、创新等素养得到培育，有利于全面发展和个性发展。

搭建展示的平台，让学生能够有创意地写，有个性地讲，有特色地演，充分地尊重了学习主体，发掘了他们的潜能，使学生在感悟故事魅力的同时，体会到学习成长的快乐与精彩。

童真的世界能用文字语言来描绘，亦可以用肢体语言来表现，还可以借助展演来绽放。故事展演，让孩子们在创作中写下自己的故事，在表演中呈现个人的风采，在绽放中奏响美妙的童年乐章。

第五章 故事语文教学应用课型

乘着想象的翅膀，循着真善美的足迹，看花儿跳舞，听星星歌唱，和猴子们一起捞月亮，多么美妙的经历！

第一节　　童话故事教学

　　童话是儿童文学的一种。它依照儿童的心理特点和需要，通过丰富的想象、幻想和夸张等手法来塑造鲜明的形象，用生动奇妙的故事情节和通俗传神的语言文字来反映现实生活。

　　幻想和夸张是童话的两个翅膀。幻想，是童话的基本特征，是人们对未来生活的想象和渴望。夸张，是对表现对象或对象某一特征的放大或缩小。就如《卖火柴的小女孩》中，插着刀叉的喷香的烤鹅、挂满糖果的美丽的圣诞树、唯一疼她的久违的外婆，在小女孩的现实生活中是不存在的。但是，读者愿意相信这个故事，因为在人情冷漠的黑暗社会，幻想是贫穷、饥饿、痛苦的孩子的唯一慰藉和希望。因而，小女孩三次擦亮火柴，幻想却随着火柴的熄灭而破灭，最终悲惨地死在大年夜，这种幻想源于生活又高于生活，因而故事具有很高的艺术价值。

　　通俗易懂和富有感染力是童话的基本特点。童话虽然富于幻想和夸张，但语言通俗易懂。在童话世界里，举凡虫鱼鸟兽、花草树木、日月星辰，乃至整个大自然，往往被赋予生命，注入情感，动物能说话，植物会思考，吻合孩子们的喜好和认知水平。童话故事还采用反复、对照等表现方法，看似简洁朴实，实则活泼律动。

　　生动奇妙也是童话的主要特征。童话植根于现实，所描绘的事物和人物却往往是虚拟的。加之童话创作一般运用想象、幻想和夸张等手法来塑造鲜明的形象，并遵循一定的事理逻辑展开故事情节，因而童话故事的情节生动奇妙，如磁石般抓住学生的心。也就是这种生动奇妙，让孩子们懂得了团结勇敢、勤劳善良、坚定乐观的可贵，明晰了通达事理、明辨是非的重要。

基于以上认识，童话教学有别于其他文体，需要我们还儿童一个天然纯净的环境，用"童话"的方式教童话。

一、关注童心，激发学习兴趣

亚里士多德说："古往今来人们开始探索，都应起源于对自然万物的惊异。"莎士比亚说："学问必须合乎自己的兴趣，方才可以得益。"童话之所以倍受孩子们的喜爱，缘起于对童话故事的兴趣。现实生活中许多根本不可能实现的事情，在童话世界里，因为想象、幻想、夸张、反复、拟人等多种手法的运用，梦想是可以成真的。因此，孩子们阅读童话时的那份惊异和兴奋可想而知。

但是，教学不能仅仅让学生停留在单纯的惊异和盲目的兴奋之中，而要关注童心，引导学生在惊奇与兴奋中学习语言的运用，体会人物的情感，提升表达的智慧。童话故事语言生动，情节曲折，人物鲜明，其间有许多可以让学生产生兴奋的点和面。发掘童话故事中的这些点和面，就是尊重学生的心理，激发学习的兴趣。

童话故事中，能激发学生学习兴趣、产生阅读兴奋的点和面往往体现在生动的词语、句子或语段上。教学前，教师需要对这些词语、句子或语段进行充分的认识，准确地把握它们的教学价值，激发学生的学习兴趣。例如《方帽子店》，开篇语句采用悬念方式吊足了学生胃口：

这家帽子店从来没有做过别的帽子。

他们的橱窗里都是方帽子。第一顶是方的，第二顶是方的，第三顶还是方的……

"从来没有做过别的帽子""都是方帽子"，开篇新颖独特，符合学生喜欢猎奇的心理。教师准确地把握"从来、都是"等词语，引导学生在反复朗读中感受想象，不仅能体会到店老板行事风格的一成不变、因循守旧，还会积极探究店老板为什么只做方帽子的原因、戴方帽子会是怎样的效果等问题。又如圆帽子店开张后的语段描写：

后来，方帽子店对面，又开了一家帽子店，橱窗里放着各式各样的帽子，却没有一顶是方的。方帽子店里摆放着方方正正的帽子，却没有一顶是圆的，玻璃橱窗里还贴了一张广告："专卖从不改变的方的好帽子。"对面的新帽子店里也贴了一张广告："专卖各式各样的舒服的好帽子。"

语段描写特别有意思。一方面是圆帽子店的帽子"各式各样、却没有一顶是方的"，另一方面则是方帽子店"方方正正、却没有一顶是圆的"。尤其是广告的张贴，一个炫耀方帽子"从不改变"，一个夸赞圆帽子"各式各样、舒服"，虽说都在强调帽子"好"，谁更合适，顾客心中自然有数。教师把握故事对比写法的价值，尊重学生好奇、探究的心理，组织学生与方帽子店老板、圆帽子店老板对话，不仅理解方帽子最终成为古董的原因，而且懂得事物是发展变化的，顺应时代发展才是生存之道。甚至，学生还可能产生创新的欲望和心理：

如果我开店，该卖怎样的帽子？专卖店的广告语又该怎么写？

关注童心，引导学生积极地与文本及文本中的人物对话，学生将与他们同欢乐共悲戚，不断地处于阅读和收获的兴奋之中。

二、品读童言，感受文字美妙

童话是美好幻想的产物，其语言简洁朴实，凝练传神，富有音韵美、色彩美和动态美。

童话常用叠音词和反复句式，音节匀称和谐，节奏整齐明快，富有音韵美。就如《拔萝卜》，"嗨呦，嗨呦"的口号声此起彼伏，"××，××，快来帮忙拔萝卜"的召唤声不绝于耳，"唉！来了，来了"应答声响亮干脆……这些优美的富有节奏感的语言，贯穿故事始终，读起来朗朗上口，如唱如咏。细细品味这些极富节奏感、音韵美和感染力的语言文字，老公公、老奶奶、小姑娘、小狗等齐心协力拔萝卜的热闹欢快场面浮现眼前，不得不感叹语言文字描写的美妙。

童话语言不仅富有音韵美，而且也具有较强的色彩美。色彩能够激发学生的形象思维，激发学生创造出一幅幅色泽鲜明、光彩夺目的生活画面。比如《青蛙卖泥塘》，青蛙为了卖掉泥塘，先后听取老牛、野鸭、小鸟等顾客的意见，将泥塘打扮得越来越漂亮：

到了春天，泥塘周围长出了绿茵茵的小草。青蛙又站在牌子下面，大声吆喝起来："卖泥塘喽，卖泥塘！"

等泥塘里灌足水以后，青蛙又站在牌子下大声吆喝起来："卖泥塘喽，卖泥塘！"

于是他就照着他们的话去做，栽了树，种了花，修了路，还在泥塘旁边盖了房子。

"多好的地方！有树、有花、有草、有水塘。你可以看蝴蝶在花丛中飞舞，听小鸟在树上歌唱。还可以在水里尽情游泳，躺在草地上晒太阳。这儿还有道路通向城里……"

绿茵茵的小草，明晃晃的水塘，绿树红花，蝴蝶飞鸟，舒适的房子，暖暖的太阳……经过一番打扮，青蛙的泥塘不再是单调的烂泥坑，而是五彩缤纷的宜居家园。品读着朴素的文字，脑海中浮现着一幅又一幅色彩明艳的动态画面，吆喝时的情趣、劳动后的快乐油然而生。

此外，动态美也是童话语言的魅力所在。品读童话描摹人物语言、动作的动态文字，学生的形象思维被激活，浮想联翩。《那一定会很好》讲述一粒种子长成一棵大树，变成手推车、椅子，最后变成木地板的一段生命历程。关于手推车，有这样的一段描述：

农夫把谷子、土豆……还有调皮的儿子，放在手推车上，推着车在山路上跑来跑去。跑起来的时候，手推车听到耳边呼呼的风声，真舒服。

教师引导学生边读边想象，于是，"放、推、跑"等词语联结成画——农夫将各式各样的谷物放到手推车上的忙碌，调皮儿子在车上欢蹦乱跳时的捣乱，连同农夫推着手推车在山路上飞驰、耳旁呼呼风响的情景，如同一幅幅活动的场景画逐一浮现。心怀美好，享受生命中的每一段历程，哪怕变成劳累的手推车也"真舒服"！积极的人生态度伴随着富有动感的文字，一起在品读、想象和感悟中生根发芽。

又如《我变成了一棵树》，讲述英英因为不想吃饭而变成一棵树的奇妙经历，展现了儿童丰富的想象和母子间的默契与关爱。故事末尾，关于妈妈的神态描写就富有动态美：

"小馋猫，肚子饿了，对吧？英英！"妈妈说话了，还对我眨了一下眼睛。

噢，最了解我的人到底还是妈妈。

哎呀，她是怎么知道我的秘密的？

妈妈是怎么知道"我"的秘密的？故事并没有直接说明。但是，妈妈"眨了一下眼睛"，这处富有意味的动态描写，已经表明妈妈早就知道这件事，只是假装不知道而已，可见妈妈对英英的爱有多深！

品读童话语言，不仅仅能够感受文字的音韵美、色彩美和动态美，还能够发现语言中的蕴含，文字中的美妙。

三、欣赏童画，升华人物形象

童话，总是以美的语言、美的幻想来讲述美的故事，塑造美的形象，构建美的意境，给少年儿童以启迪和教育。富有音韵美、色彩美和动态美的语言，大胆丰富、奇特美妙的想象，铸就了童话故事的生动传奇，如诗如画。而可观可感的故事情节，往往成为隽永的动态画面。

欣赏，是故事语文教学中常用的一种方法。组织学生欣赏童话语言，能够感受文字的美妙；欣赏人物，能够准确地把握其形象。情节如画，欣赏童话中隽永的画面，往往能够认识和感悟生活中美的真谛。例如《雪孩子》，可爱的雪孩子陪小白兔玩，给小白兔带来了快乐。小白兔家着火了，勇敢的雪孩子从大火中救出了小白兔，自己却化成了一朵白云。白云很美，就像雪孩子纯洁美丽的心灵。故事画面感极强，有效地欣赏，将在感受人物形象的基础上升华对人物的认识：

（一）学习课文一至六自然段，感受小白兔的快乐

教师引导学生抓住重点语句"小白兔跳舞给雪孩子看，唱歌给雪孩子听。他玩累了，就回家去睡午觉"等句子，想象小白兔内心的快乐，体会小白兔与雪孩子的友谊。

（二）学习七至八自然段，感受雪孩子的勇敢

1.画出情况危急的句子，想象起火的可怕：冒出黑烟，蹿出火星……

2.找出雪孩子呼叫的语句，体会内心的焦急："不好了！小白兔家着火了！""小白兔，小白兔！你在哪里？"

3.品读雪孩子行动的语段，感受其勇敢：雪孩子冲进屋里，冒着呛人的烟、烫人的火，找哇找哇，终于找到了小白兔。他连忙把小白兔抱起来，跑到屋外。

4.引导学生连贯起来想象雪孩子大声呼救、冲进火海、勇救小白兔的故事画面，感受雪孩子的善良与勇敢。

（三）学习第十四自然段，升华雪孩子的形象

品读"不，雪孩子还在呢！瞧，太阳晒着晒着，他变成了很轻很轻的水汽。飞呀，飞呀，飞上天空，变成了一朵白云，一朵美丽的白云"语段，进一步认识雪孩子的形象。

——《雪孩子》教学环节

《雪孩子》富有童趣，故事之所以动人，是因为它采用孩子们容易接受的方式，通过动态感极强的画面，讲述了友谊、奉献和分享，反映了雪孩子的品质高贵。

四、讲述童趣，体会独特写法

童话故事结构完整，大多按照事情发展的先后顺序来安排，情节生动离奇且引人入胜。尤其是中低段的童话，情节性、趣味性更浓，故事角色活泼可爱，深受学生喜爱。

讲述童话故事，首先得让学生厘清故事讲述了一件什么事，事情的起因、经过和结果怎么样，故事中有哪些人物，他们各自扮演什么样的角色，他们之间是什么样的关系。在此基础上，教师重点指导学生把握故事的完整结构，依照发展顺序，紧扣故事情节，形成对故事的整体认知。《小猴子下山》在行文结构上比较有特色：

小猴子下山来，走到一块玉米地里。他看见玉米结得又大又多，非常高兴，就掰了一个，扛着往前走。

小猴子扛着玉米，走到一棵桃树下。他看见满树的桃子又大又红，非常高兴，就扔了玉米，去摘桃子。

小猴子捧着几个桃子，走到一片瓜地里。他看见满地的西瓜又大又圆，非常高兴，就扔了桃子，去摘西瓜。

小猴子抱着一个大西瓜往回走。走着走着，他看见一只小兔子蹦蹦跳跳的，真可爱，就扔了西瓜，去追小兔子。

小猴子下山之后，先是掰了一个玉米，然后看见桃子就扔掉玉米，看见西瓜就扔掉桃子，看见兔子就扔掉西瓜，最后两手空空。纵观整个故事，每个情节基本按照"他看见××，非常高兴，就扔了××，去××"的结构表述，看似反复，实则层层推进，说明小猴子做事三心二意、漫无目标。《小蝌蚪找妈妈》《青蛙卖泥塘》《蜘蛛开店》等故事具有同样的结构和写法。又如《雪孩子》的结局，写法上也是别具匠心：

不，雪孩子还在呢！瞧，太阳晒着晒着，他变成了很轻很轻的水汽。飞呀，飞呀，飞上天空，变成了一朵白云，一朵美丽的白云。

雪孩子历经"浑身水淋淋—化成水—变成水汽—变成了一朵美丽的白云"，童话结局出乎意料，不仅没有让人觉得伤感，反而让人感到欣慰——勇敢善良的雪孩子并没有远离小白兔，仍然在小白兔看得见的地方守候着。讲述富有童趣的故事，体会独特的写法，感受温情的表达，童话意境会更优美，人物形象会更高贵。

五、表演童话，提升审美创造

品读、欣赏、讲述，是通过把握童话中人物的动作、语言、神态及写法等要素，在欣赏美的同时发现美、感受美。表演则是更高层次的审美活动。除了运用语言表达以外，还需要肢体、道具、背景、音乐等其他元素的融合。

把童话故事改编成适合表演的剧本，既是对学生综合语言实践运用能力的一次锻炼，又是帮助学生提升审美创造的重要契机。因而，要借助文本，鼓励学生抓住故事中美的形象、美的思想，引导学生大胆地想象，创意地表现，内化童话语言，感受故事的魅力。

为了达成表演的效度，宜营造一种宽松的氛围，让学生品读童话，领悟故事的真、善、美；补充留白，完善故事的情节；大胆改编，创作适合表演的剧本；揣摩细节，把握角色的性格和心理；大胆表现，充分地展示童话的意韵，以提升学生的感悟能力、想象能力、创作能力、审美能力和表现能力，并在表演过程中获得丰富的情感体验和审美提升。

除了将教材中的童话故事改编成课本剧表演，学生还可以选择课外阅读中感兴趣的童话故事，甚至是自己创造的故事进行表演。为了帮助学生顺利完成表演，教师应对学生领悟童话、改编童话、编排童话等前期工作予以指导和鼓励，帮助学生学会欣赏美、感受美、创造美和表现美。

关注童心，激发学习兴趣；品读童言，感受文字美妙；欣赏童画，升华人物形象；讲述童趣，体会独特写法；表演童话，提升审美创造。以上，是童话教学中的一些基本的操作方法。依据学生实际，我们还可以探索童话教学的新路径，比如续写童话、童话新编等。

乘着想象的翅膀，循着真善美的足迹，带着孩子们在品读、欣赏、讲述、表演、续写、新编中游历奇妙的童话王国，看花儿跳舞，听星星歌唱，和猴子们一起捞月亮，用童话的方式教童话，多么美妙的经历！

第二节　寓言故事教学

早在春秋战国时期，寓言就已经盛行。作为文学样式，寓言寓意于言，表达言简而意赅，往往在生动具体的故事中蕴含着某种道理或教训，带有讽刺和劝诫的意味。

道理或教训是寓言的灵魂。关于故事与道理的关系，法国寓言诗人拉封丹说："一个寓言可分为身体和灵魂两部分。所诉的故事好比是身体，所给予人们的教训、启示好比是灵魂。"可见，故事和人物形象是为阐明道理服务的，道理或教训才是寓言的真正目的。《乌鸦喝水》是一则经典的寓言，做任何事情都要开动脑筋、想办法才能获得成功的道理就蕴含在"到处找水喝—喝不着水—想办法喝水—终于喝着水"的故事情境和主要人物形象乌鸦的身上。

讽刺或劝诫是寓言的基色。著名儿童文学家严文井说："寓言是一个怪物，当它朝你走过来的时候，分明是一个故事，生动活泼；而当它转身要走开的时候，却突然变成了一个哲理，严肃认真。"寓言不同于童话，虽然不乏生动的描述，也不缺幽默的表达和善意的提醒，但多从反面讽刺或劝诫，以说明道理或揭示教训。《坐井观天》讲述一只青蛙因为整天坐在井底而不相信天空真如小鸟所说的那样无边无际，讽刺"井底之蛙"眼界狭窄、所见有限。

言简和意赅是寓言的表达特点。寓言故事情节单一，不苛求一波三折和跌宕起伏的效果，也不在意是否完整和全面，只要能够表达寓意，阐明道理，故事的讲述往往戛然而止。就像《坐井观天》，当小鸟劝告青蛙："朋友，你是弄错了。不信，你跳出井来看一看吧"，故事并没有继续讲述青蛙的反应而追求完整性，而是就此结束。因为，事已达理，多说反而冲淡所指，模糊了寓言与童话的界限。

道理或教训是寓言的灵魂，讽刺或劝诫是寓言的基色，言简和意赅是寓言的表达特点。基于对寓言的认识，寓言的教学还得借鉴"寓言"的方式。

一、重视朗读，理解寓体

拉封丹说寓言中的故事好比是身体，教训和启示好比是灵魂；严文井说寓言走过来的时候是一个故事，离开时却变成了一个哲理。寓言中的故事和道理是紧密相连的，道理寓于故事之中，故事是揭示寓意的载体。

读故事，是寓言教学的起点，也是揭示道理的前提和关键。寓言中的故事虽然不及童话、神话那么曲折生动，但简洁的故事同样拥有情节性、生动性，需要教师引导学生将浓缩的故事读通读懂。只有读懂了故事，道理才能抓得准，悟得透。

低段学生读寓言故事，少不了教师的示范。教师声情并茂、绘声绘色地朗读，有助于学生感受故事的趣味，初步形成对故事中主要人物的感知。在指导学生朗读时，教师最好能够按照寓言最自然的语调来朗读—故事怎么讲，就怎么读。还可以配合肢体语言，指导学生读出讽刺或劝诫的意味，或配合复述故事等途径，让学生读懂故事，使抽象的道理从自然的朗读、故事的复述和人物形象的感知中逐渐清晰、明朗。《寒号鸟》中，有关喜鹊和寒号鸟的对话有两次：

喜鹊说："寒号鸟，别睡了。天气暖和，赶快做窝。"

寒号鸟不听劝告，躺在崖缝里对喜鹊说："傻喜鹊，不要吵。太阳高照，正好睡觉。"

喜鹊来到崖缝前劝寒号鸟："趁天晴，快做窝。现在懒惰，将来难过。"

寒号鸟还是不听劝告，伸伸懒腰，答道："傻喜鹊，别啰嗦。天气暖和。得过且过。"

喜鹊第一次劝告寒号鸟，善意地提醒它赶快做窝；第二次劝告，喜鹊亲自来到崖缝前，不仅提醒它赶快做窝，还说明赶快做窝的原因，劝诫的语气十分明显，可谓苦口婆心。但是，寒号鸟"躺在崖缝里""伸伸懒腰"，既嫌喜鹊傻，又烦它吵，还厌其啰嗦，不以为然。通过教师示范读、学生对比读、个体复述故事，学生感知寒号鸟天性懒惰、得过且过的形象，为揭示"美好的生活要靠劳动来创造""只顾眼前、不想将来的鼠目寸光的人，以侥幸心理对待生活，在灾难来临时就会付出惨重代价"的道理做了铺垫。

中高段学生学寓言同样需要读。所不同的是，以学生个体的默读、朗读为主，教师的示范读次之。

二、寻找关联，发现寓意

读故事，是寓言教学的起点。发现寓意，是寓言教学的难点。虽说故事和寓意是寓言的两个组成部分，但二者是紧密联系而不可分割的。因而，在读懂故事的基础上，寻找故事与寓意的关联，是揭示寓言寓意的关键。

从人物形象中寻找关联。和童话、神话相比，寓言中的人物形象远没有那么鲜明，但在简短的叙事中，人物的个性也得到充分地彰显。把握人物形象，为发现寓意揭开了神秘的面纱。《守株待兔》这则寓言故事，讲述宋国一个农民，日出而作，日落而息，遇到好年景也不过刚刚吃饱穿暖，遇到灾荒就要忍饥挨饿。总想碰到意外之财的他，当偶然捡到一只受惊撞死在田边树桩上的兔子这个奇迹发生之后，他心存侥幸、想不劳而获的性格特点更加鲜明：

他乐滋滋地走回家去，心里想：要是每天能捡到一只野兔，那该多好哇！

从此，他丢下锄头，整天坐在树桩旁边等着，看有没有野兔再跑来撞死在树桩上。

"乐滋滋""心里想""从此，丢下……整天坐……"等词语入木三分地刻画了种田人意外得到野兔时的惊喜和侥幸心理。连同前面的背景介绍，形象逼真地揭示了妄想不劳而获的可笑。

利用补充或续写的方法寻找关联。为了揭示寓意，有必要补充或续写一些必要的情节，以帮助学生更加清晰地认识人物，把握寓意。例如《坐井观天》，当小鸟说："朋友，你是弄错了。不信，你跳出井来看一看吧！"不妨引导学生想象青蛙跳出井口后所看到的情形。又如《我要的是葫芦》，当种葫芦的人看到"小葫芦慢慢地变黄了，一个一个都落了"，他应该后悔没有听取邻居的建议。如果将故事续编，他一定会吸取教训，将来收获又大又可爱的葫芦。补充或续写，帮助学生从另一个角度认识人物形象，在比较中发现故事所要传递的教训或启示。

三、欣赏表达，体会寓法

表达，是阅读教学的重点，也是寓言教学的着力点。在寓言中，比喻性的故事是意味深长的寓意的必要载体，寓意则为寓言的目的所在。寓意既然凭借故事载体呈现，那么，故事又是通过哪些艺术手法来表达寓意的呢？教学时，有意识地引导学生欣赏寓言的表达方法，能有效地把握故事与寓意的关系，感受寓言这一独特文学样式的魅力。

对比法是常见的表达方法。它通过描述同一人物对待同一事物前后截然不同的态度，在对比、变化中刻画人物性格与特征，用以揭示寓意。或者，通过不同人物对待同一事物的不同态度来揭示寓意。例如《寒号鸟》，在做窝这件事情上，寒号鸟前行的态度是不一致的：

寒号鸟在崖缝里冻得直打哆嗦，不停地叫着："哆啰啰，哆啰啰，寒风冻死我，明天就做窝。"

寒冬腊月，大雪纷飞。北风像狮子一样狂吼。崖缝里冷得像冰窖。寒号鸟重复着哀号："哆啰啰，哆啰啰，寒风冻死我，明天就做窝。"

天亮了，太阳出来了，喜鹊在枝头呼唤寒号鸟。可是，寒号鸟已经在夜里冻死了。

面对喜鹊一次次善意地提醒，寒号鸟是不胜其烦的。只有寒风来临，被冷得哆哆嗦嗦的时候，它才下决心表示"寒风冻死我，明天就做窝"。可是，每到天晴的明天它并没有做窝！寒号鸟前后言行的不一致，直接导致它可怜又可恨的结局。另外，故事不仅将寒号鸟的言行、态度进行比较，还将喜鹊与寒号鸟在做窝上的态度进行对比：

有一天，天气晴朗。喜鹊一早飞出去，东寻西找，衔回来一些枯草，就忙着做窝，准备过冬。寒号鸟却整天出去玩，累了就回来睡觉。

喜鹊住在温暖的窝里。寒号鸟在崖缝里冻得直打哆嗦，不停地叫着："哆啰啰，哆啰啰。寒风冻死我，明天就做窝。"

天亮了，太阳出来了，喜鹊在枝头呼唤寒号鸟。可是，寒号鸟已经在夜里冻死了。

一个勤劳，住在温暖的窝里，活在阳光下；一个懒惰，冻得直打哆嗦还不做窝，冻死在寒夜。同一个角色前后的对比和不同角色之间的对比，形象地揭示了寓意：美好的生活要靠劳动来创造；只顾眼前、不想将来的鼠目寸光的人，以侥幸心理对待生活，在灾难来临时就会付出惨重代价。

夸张也是常用的表达方法。为了达到讽刺或劝诫目的，有意识地对故事情节进行言过其实地描写，将获得强烈的表达效果。世间希望禾苗长得快的人并不在少数，可是像《揠苗助长》中帮助禾苗长高的做法就鲜有耳闻：

他就在田边焦急地转来转去，自言自语地说："我得想个办法帮他们长。"一天，他终于想到了办法，就急忙跑到田里，把禾苗一棵一棵往高里拔。从中午一直忙到太阳落山，弄得精疲力尽。

老汉的助长法不同寻常，既不是除草，又不是施肥，而是"把禾苗一棵一棵往高里拔"，而且是"从中午一直忙到太阳下山"！这种愚蠢得让人发笑的做法，读来却不违心，反而令人开心，这就是夸张的效果！不可思议的夸张，有力地讽刺违背事物规律、急于求成的愚昧做法。

引导学生欣赏寓言的表达方法，体会寓言是怎样假托故事来说明道理，不仅感受寓言的魅力，读起来也意味深长。

四、编写故事，深化认识

寓言故事言简意赅，被人们称作"理智的诗""穿着外衣的真理"。选入教材的寓言，篇幅多短小，道理却意味深长，具有较强的文学性、启发性和教育意义。

编写故事，是感悟寓言、深化认识的重要途径。根据寓言故事情节简单、多运用讽刺手法、叙事可能戛然而止的特点，编写故事一般采用续写、改编、新编等方法。

续写，延续原有故事的情节，使学生在想象对比中进一步提升认知，懂得寓言所蕴含的道理。就如前面所说，教学《坐井观天》，可以引导学生想象青蛙跳出井口后所看到的情形，深入感知井底之蛙的片面和狭窄；教学《我要的是葫芦》，可以鼓励学生想象种葫芦的人吸取教训再种葫芦的情形……

至于改编，则是引导学生大胆想象，创造一个拥有原有寓言角色而具有崭新情节的寓言故事。例如，教学《守株待兔》，可以引导学生改编原有情节：

他乐滋滋地走回家去，心里想：要是每天能捡到一只野兔，那该多好哇！

第二天，他丢下锄头，整天坐在树桩旁边等着，看有没有野兔再跑来撞死在树桩上。可是，一天过去了，两天过去了，再也没有看到被树桩撞死的兔子。

他真后悔自己好傻。于是，他赶紧回到地里，一心一意地耕种。到了秋天，稻子成熟了，他收获了许多粮食。

改编后的《守株待兔》，种田人认识到了自己的错误，知道侥幸不可能天天有，想收获还得靠自己辛勤地劳动。而这，与原《守株待兔》的寓意是一致的。

当然，还可以围绕同一个寓意进行故事新编，如《乌鸦喝水》《龟兔赛跑》等。

有效的续写、改编和新编，既是对原有寓言故事的深化认识，又是学习寓言故事之后的实践创新。

五、古今对照，感受魅力

进入三年级，寓言故事呈现的方式发生了变化，不再是以往学生熟悉的通俗易懂、叙述详细的白话文，而是行文简洁、意蕴深厚的文言文—小古文。小古文的出现，拓宽了寓言体文本的教学视域，开启了探索优秀传统文化的窗口。教学时，采用古今对照，能在比较中发现传统文化的魅力：

（一）

宋人有耕田者。田中有株。兔走触株，折颈而死。因释其耒而守株，冀复得兔。兔不可复得，而身为宋国笑。

（二）

宋国有个农民，他的田地中有一截树桩。一天，一只跑得飞快的野兔撞在了树桩上，扭断了脖子死了。于是，农民便放下他的农具日日夜夜守在树桩子旁边，希望能再得到一只兔子。然而野兔是不可能再次得到的，而他自己也被后人所耻笑。

通过古今对照，学生发现春秋战国时期流传下来的寓言，往往是小故事套在大故事里边，包含着先人的生活、情感、智慧和哲学。《守株待兔》出自《韩非子·五蠹》，其意义在于劝诫君王，如果想用过去的治国方略来治理当今的百姓，犯的是和守株待兔一样的错误。可见先人劝说的艺术和智慧是多么高明。

在学习一定的文言知识，体会古色古香、纯朴典雅的文言魅力，获得语言发展的同时，古今比照学习还能够培养学生潜在的气质和高雅脱俗的审美，激发学生对祖国语言文字和灿烂文化的热爱。

严文井说："寓言是一个魔袋，袋子很小，却能从里面取出很多东西来，甚至能取出比袋子大得多的东西。"用"寓言"的方式教寓言，既遵循故事语文教学的规律，按照读故事、讲故事、欣赏故事和创编故事的思路进行，又重视寓言文体特点，以讽刺或劝诫为基色，紧随故事人物形象，紧扣语言文字表达，在朗读、关联、欣赏、编写、对照中深入对话，使寓言的味道萦绕，弥漫，浓厚……

第三节　神话故事教学

人类最早的故事，往往是从神话开始的。神话，是高度幻想的故事，是远古人类对所观察或经历的自然现象、社会现象的解释和说明，反映远古人类解释并征服自然或社会的愿望和理想。

因为神话是古人在还没有能力对自然现象、社会现象做出准确判断和正确认识条件下的产物，因而神话具有以下特点：

想象奇特，题材广泛。中国神话故事产生于生产力水平低下的远古时代，因而日月星辰的运行、洪水猛兽的出现，生老病死的交替，举凡认识不清的自然现象和社会现象，都可能被赋予神奇、丰富的幻想。于是，后羿射日、嫦娥奔月、精卫填海、女娲补天等一大批想象丰富、题材广泛的神话应运而生。这些神话表面上看起来荒诞怪异，实际上真切质朴，表现古代劳动人民对自然对未知的探索和征服意愿。

情节生动，浪漫夸张。神话的情节不同于其他故事情节，多描述人神合一的英雄人物与天抗争、与地角逐、翻江倒海的奇妙故事，情节曲折生动。为了表现英雄人物的威武神力，神话多运用夸张的手法，因而被大羿射下的九个太阳坠落东海，化作滚烫巨石，海水从此不断蒸腾；被盘古用威力巨大的神斧劈开的混沌，渐渐分开，轻而清的东西缓缓上升变成了天，重而浊的东西慢慢下沉变成了地……宏大的场面，浪漫的色彩，故事无与伦比。正如高尔基所说，浪漫主义是神话的基础。

个性鲜明，能力超凡。神话故事中的人物，多为人类寄予厚望的英雄人物或历史人物，集人与神的特征为一体，个性鲜明，拥有超凡的力量。诸如炼石补天的女娲、衔木石填海的精卫、化作邓林的夸父，无一不显示其坚持不懈、奋斗到底的坚韧性格与超凡能力。

神话是一个神奇的世界。与神话相遇的过程，就是一次全新的认识与洞悉的过程。教学神话，我们可以追寻文明的源头，体验想象的魅力，感受古人的智慧，领悟文化的深邃，接受精神的洗礼。

指向语文核心素养的神话教学，策略如下：

一、聚焦想象，体会神奇与浪漫

神话想象丰富，情节奇妙生动，人物能力超凡，在向学生传播美好思想的同时，还带给他们一片无限遐想的空间。神话，让孩子们无论是在梦境里还是在现实生活之中，都能拥有幻想，都在飞翔。

聚焦想象，将体会到神话的神奇与浪漫。《羿射九日》虽然篇幅不长，但想象奇特：先是想象天上有十个太阳，轮流执勤。接着想象十个太阳不守规矩，一起出现在天上炙烤大地的景象：禾苗庄稼枯死，江河湖泊干涸，猛兽害虫祸害人间，人类生活在水深火热之中。然后想象羿决心帮助人们脱离苦海，翻过高山，蹚过大河，拉神弓搭神箭一连射杀九个太阳，救民于水火。最后想象羿为了人类的光明，留下一个太阳，使大地重新焕发了勃勃生机。因为想象，十个太阳一起执勤，危害人类；因为想象，大羿神箭射杀天帝的九个儿子，为民除害；也正是因为想象，塑造了一位为天下苍生着想、敢与天斗的英雄人物——大羿。

引导学生聚焦想象，既能够体会故事的神奇，感受大羿的英雄壮举，又能够体会神话中的浪漫色彩，比如坐上两轮车从东往西巡游、翻山蹚河、拉神弓搭神箭射杀九日、大地重归光明和温暖等场面，感受古代劳动人民迫切希望战胜自然、改造自然的美好愿望。

二、品味语言，实现积累与运用

神话的魅力，贵在神奇，还体现在语言极富想象力、表现力和感染力。教学神话，需要引导学生细细品读，积累语句，学习写法，让学生在学习语言的过程中实现积累和运用。

《盘古开天》讲述盘古不能忍受黑暗，用神斧劈开混沌，用身体撑开天地，最后殚精竭力，将生命演化成造福人类的崭新世界的故事。

盘古倒下后，他的身体发生了巨大的变化。他呼出的气息，变成了四季的风和飘动的云；他发出的声音，化作了隆隆的雷声。他的双眼变成了太阳和月亮；他的四肢，变成大地东、西、南、北四极；他的肌肤，变成了辽阔的大地；他的血液，变成了奔流不息的江河；他的汗毛，变成了茂盛的花草树木；他的汗水，变成了滋润万物的雨露……

这段文字语言优美，描写生动，形象地再现了盘古殚精竭力后生命演化的过程。盘古生前完成开天辟地的伟大壮举，死后还为人类留下神奇美好的宝藏，他的举动让学生深受感染。教学时，可以引导学生通过朗读、想象和背诵等方式予以品味，在感受英雄形象的同时，识记"辽阔的大地""奔流不息的江河""茂盛的花草树木""滋润万物的雨露"等具有画面感的词语，积累描写盘古身体发生神奇变化的优美语句。

不仅如此，上述语段写法上也很有特点。"他的双眼变成了太阳和月亮；他的四肢，变成大地东、西、南、北四极……"教学时，可在现有"双眼、四肢、肌肤、血液、汗毛、汗水"变成太阳和月亮、大地四极、辽阔的大地、奔流不息的江河、茂盛的花草树木、滋润万物的雨露的基础上，组织学生模仿表达样式，创作类似神奇变化的语句，感受盘古用他的整个生命造美丽世界的伟岸。

或朗读，或想象，或仿写，或复述，或转述，或讲演……品味神话语言，促进了语言的积累与运用。

三、欣赏形象，提升审美与创造

神话的魅力，重在精神，而精神的传递，往往依托于人物形象。从斧劈混沌的盘古到炼石补天的女娲，从勇射九日的大羿到衔木石填海的精卫，从逐日化为邓林的夸父到三过家门而不入的大禹，他们都是顶天立地、不屈不挠的强者，英武而伟岸，坚定而智慧。

引导学生欣赏英雄形象，对英雄的品格进行塑造与鉴赏，能够有效地提升学生的审美与创造。欣赏英雄的形象，可从英雄的出场背景、英雄在灾难面前的心理活动、英雄的壮举、消除灾害后的情景等几个方面入手。还是以《羿射九日》为例。

（一）比较羿的出场背景，感受英雄的使命

1.引导学生朗读十个太阳轮流执勤的语段，依据"每天天快亮时，扶桑枝头的太阳就坐上两轮车，开始从东往西穿过天空""十个太阳每天轮换，给大地万物带来光明和温暖"等语句，体会因为太阳的轮流执勤而大地一片光明，人类生活温暖而幸福。

2.组织学生默读十个太阳一起跑出来时的场景，结合"十个太阳像十个大火球，炙烤着大地"，想象"禾苗被晒枯了，土地被烤焦了，江河里的水被蒸干了，连地上的沙石好像都要被熔化了"等灾难性后果。

3.对比太阳轮流执勤和一起出巡的场景，在比较中感受人类生活的艰难，进而体会英雄大羿艰巨而伟大的使命。

（二）猜想羿的心理活动，明晰英雄的决心

1.结合"神箭手羿决心帮助人们脱离苦海"，猜想羿看到灾难场景后的心理活动。

2.结合羿翻山蹚河的动作，感受羿决心帮助人类脱离苦海的决心。

（三）赏析羿射日的动作，感悟英雄的气概

1.反复朗读羿射杀九日的语句，边读边想象羿当时的心理。

2.紧扣"登上、搭上、拉开、对准、嗖地、噗噗、一口气、又伸手拔箭"等词语，体会羿一心为人类除害的果敢行为和英雄气概。

（四）对比欣赏首尾描写，升华英雄的形象

1.默读射杀九日后的语段，想象大地生机勃勃的情景。

2.对比朗读首尾语段，想象大羿登山射杀九日的情景，模拟人类感恩羿的对话，升华、丰富大羿的威武形象。

——《赏析〈羿射九日〉》教学环节

紧扣出场背景、人物心理和动作等方面进行赏析，学生不仅认识了英雄，而且感知了英雄身上所传递的大爱与大美。与此同时，威武、果敢的大羿形象在学生心中逐渐立体丰满，高大清晰。

欣赏神话形象，无论是对天地主宰的敬畏，还是对救世英雄的赞美，都会给学生营造一个无所羁绊、纯静无瑕的审美空间，都会促使学生对英雄人物有种莫名的崇拜与敬畏。于是，美的遐想，美的创造，英雄的图腾，渐次在学生心底产生。

四、复述故事，着力建构与表达

神话的语言极富想象力、表现力和感染力。但是，毕竟还是成人创作的语言。荣格说："成年人写的神话是幼稚的，只有经过儿童的再创作，这些神话才能成为真正的神话。"荣格的话启示我们，得紧扣神话故事的特点，让教学充满神奇的诱惑，使审美创造得以延伸，使学生的灵性在语言的建构和表达中得以抒发。

于是，复述故事便成为神话教学与学生语言发展之间的一种浑然天成的默契。

复述的方式比较多。低年级的复述可以对照图画进行，虽然学生言语不多，但练习了说话。如果在表达过程中能够偶尔运用一些自己的语言，那复述就相当有意义和价值了。至于中高段的复述，则要求学生既吸取故事中的关键词句，又融合平时积累的语言，使复述绘声绘色、富有情趣。此外，想象画面复述，回忆情节复述，借助重点词语复述，也是非常有实效的复述方法。

当然，复述也要依据神话的表达和情节有选择性地进行，精彩的部分，重点塑造人物形象的地方，可以重点复述。

因此，千方百计地"诱惑"并鼓励学生参与故事的重构，让他们在充分朗读的基础上复述故事，尤其是运用自己的语言复述，能够促进语言的建构与表达。

五、激活思维，促进发展与提升

平常的神话教学多注重故事情节的品读与人物形象的欣赏，但往往就事论事，较少关注思维这一核心要素。因而，学生的思维能力没有实现发展，文本的教学价值没有得到重视和开发。

思维是故事语文教学的核心。

多元解读人物形象，是激活学生思维，促进学生能力发展和提升的重要途径。受惯性思维影响，在人们印象当中，神话人物形象要么品德高尚，救人于水火，顶天立地，如盘古、女娲、精卫、大羿；要么冷漠无情，作恶多端，遭人唾弃，如王母、二郎神。非好即坏的习惯性定势，僵化学生的思维和认知。《猴王出世》中有一个精彩的语段：

石猴端坐上面道："列位呵，'人而无信，不知其可。'你们才说有本事进得来，出得去，不伤身体者，就拜他为王。我如今进来又出去，出去又进来，寻了这一个洞天与列位安眠稳睡，各享成家之福，何不拜我为王？"众猴听说，即拱伏无违。一个个序齿排班，朝上礼拜，都称"千岁大王"。

众猴进入水帘洞后，顽劣之性大发，早把先前"哪一个有本事的，钻进去寻个源头出来，不伤身体者，我等即拜他为王"的誓言抛到九霄云外。石猴却没有忘记，他巧妙地提出"人而无信，不知其可"，顺理成章地让众猴拜他为王。通过品读理解，学生可以浅显地感知石猴聪明机敏、坦率而又富有心机的形象。教学不能止于此，对灵猴的认识也不能止于此。教师可引导学生比照阅读《齐天大圣大战二郎神》《大闹天宫》等故事，再对照上述语段，对灵猴的认识提升到一个新的高度：它是人、猴、神的结合体，既有人的坦荡爽快，又有猴的顽劣野性，还兼具神的神通广大。因而，出世时就喜欢威风、气派地端坐在众猴面前看人家伏首称臣的他，隐藏着反天斗地、桀骜不驯的性格。

质疑故事情节，也有利于激活学生的思维。神话语言通俗易懂，情节生动有趣，学生往往能够了解故事的主要内容。但是，缺乏质疑批判的课堂不利于学生思维的发展。前面提到，福州一个八岁的孩子学习《羿射九日》，发现了"江河里的水被蒸干了"羿还要"蹚过九十九条大河"的问题，这种敏感性、质疑精神多么可贵！

改编神话，也能有效地激活学生思维，深化对故事文本的理解和感悟。

炎帝之少女，名曰女娃。女娃游于东海，溺而不返，故为精卫，常衔西山之木石，以堙于东海。

《精卫填海》是一则小古文样式的神话，语言简洁，情节生动。在理解故事大意、懂得女娃形象的基础上，教师可引导学生依据小古文大胆想象情节，尤其是丰富人物的动作、语言，创作一个情节丰富、人物形象丰满的故事。

发现和利用文本的教学价值，引导学生多元解读人物形象，质疑故事情节，改编神话故事，包括续写、仿写、比照阅读等，都能够促进学生思维从单一走向多维，从简单走向复杂，从而提高和发展学生的语文能力和综合素养。

一篇引人入胜的神话，就像是一叶精致的扁舟，载着学生驶进文明的长河，遨游于美仑美奂的世界。一场立足提升核心素养的神话故事教学，犹如师生与古人的一次精神相遇，在神奇与浪漫之中共同追寻文明的源头，领悟神话深邃广博的精义。

第四节　民间故事教学

民间故事，是劳动人民口头创作并传播的文学样式，是口耳相传的经典，是老百姓智慧的结晶。它贴近生活，但又不局限于生活的真实，往往充满着神奇的想象，反映劳动人民的愿望，表达劳动人民的思想感情。

作为一种和童话、神话、寓言有着某些共性的文学样式，教材中虽然只安排《九色鹿》《文成公主进藏》《猎人海力布》《牛郎织女》等为数不多的篇目，但作为教学内容，民间故事具有其独特的教学价值。

想象神奇浪漫，契合学生心灵。民间故事的产生虽晚于神话和传说，但仍然包含着丰富的想象成分，某些现实生活中不可能的事情，在故事中却能够实现，并给予有些情节、事物和人物超自然的特性。因而，文成公主的一把羊毛就能铺平沼泽，海力布含着宝石就能听懂飞禽走兽的语言，牛郎披上老牛的皮就能够飞起来追赶织女……富有神秘色彩的情节、拥有超凡能力的人物和物件，往往能让儿童着迷、沉醉。想象神奇、充满浪漫色彩的民间故事，契合着富有诗意的学生心灵。

脉络清晰简明，适合整体把握。民间故事虽然存在一定的想象成分，但故事内容依然贴近劳动人民的现实生活，其主题、角色和主要情节都符合口耳相传的生活逻辑。因而，民间故事脉络清晰，线索简明。比如《九色鹿》，先讲述九色鹿跳河勇救落水的调达，调达发誓永远不说出九色鹿的住处。接着讲调达在金钱诱惑面前背信弃义，出卖九色鹿，带人去抓九色鹿。最后讲九色鹿当着国王的面开口说话，怒斥调达的见利忘义，国王下令保护九色鹿，九色鹿过着无忧无虑的生活。清晰简明的脉络，符合学生认知的特点，能够帮助学生迅速准确地把握故事情节，形成对故事的整体把握，提升阅读的兴趣。

主题鲜明直接，提升审美判断。民间故事反映的是劳动人民的愿望，倾吐的是劳动人民自己的心声，传递的是他们的情感，弘扬的是永恒不变的主题。扬善惩恶主题之下，丑恶奸邪之人定会遭受报应，勤劳善良的人总会有个美好的结局。《牛郎织女》故事中，贫穷而又勤劳的牛郎，在被哥嫂赶出家门后，先是拥有通人性、忠实的老牛，后又邂逅美丽勤劳的织女。虽说后来牛郎、织女被天河阻隔，但他们的真情感动了王母，终得每年七夕鹊桥相会。这种寄托劳苦大众愿望和情感的故事，吻合童真，有助于学生在美丽故事中认识真善美，辨别邪恶丑，形成正确的人生观、价值观，提升审美判断。

民间故事贴近生活，语言通俗易懂，内容耳熟能详，教学中怎样实现其课程价值？

一、循故事脉络，复述主要内容

民间故事脉络清晰，线索简明，是劳动人民创造的经典，因而其主题、角色和主要情节都符合口耳相传的生活逻辑，这也为复述故事主要内容、再现故事情节提供了便捷。怎样复述？沿着故事的脉络，巧妙地将人物、地点或物件与之关联，能够帮助学生概括故事大意，复述主要内容。且看《九色鹿》的教学：

教师：请快速浏览课文，找出故事依次讲了哪几个人物？请把他们给圈出来。

（学生依次画出九色鹿、调达、王后、国王。）

教师：这些角色之间又是怎样发生联系的呢？

学生：九色鹿在散步时救了落水的调达，要求他不要说出自己的位置，调达发誓不说出九色鹿的住处。

学生：王后梦见九色鹿，想要它的毛皮做衣服，国王贴出布告悬赏九色鹿，调达想到这是发财机会，去宫中告密。

学生：国王派军队去抓九色鹿，调达亲自带路，发现九色鹿。九色鹿开口说话，怒斥调达见利忘义。国王了解了事情的经过后，下令保护九色鹿，调达被大家鄙视，躲到深山老林不敢见人。

教师：请大家根据刚才的表述，将九色鹿、调达、王后、国王之间的事情连贯起来说一说，这就是故事的主要内容。

（学生连贯起来复述故事。）

——《九色鹿》教学片断

除了人物关联情节，地点也可以帮助学生厘清文章脉络。比如《文成公主进藏》：

教师：请大家将文成公主进藏的路线画出来。

（学生浏览故事，标记路纳、达尤龙真、乃巴山、一条条大河、一座座高山、西藏拉萨等地名。）

教师：大家将这些表示地点的词语连起来读一读，边读边想想每个地点发生的事情。

（学生边读边梳理与地名有关的事件。）

教师：对照表示地点的词语，将故事简要复述一遍。

学生：文成公主进藏路上困难重重。经过路纳，她找来树干搭桥过河；过沼泽地，她剪一把羊毛撒在地上，顺利走过；在达尤龙真，她修建石屋子住了下来，在石壁上写血书纪念松赞干布；乃巴山挡住去路，她就把乃巴山背到旁边。翻过乃巴山，走了一程又一程，最后来到吐蕃，见到了松赞干布，从此，他们幸福地生活在一起。

——《文成公主进藏》教学片断

不仅人物、地点关联故事情节，时间和物件也可以关联。把握这些关联点，循着故事的脉络，能够清晰地复述故事。

二、品故事语言，习得口语表达

民间故事经淳朴的劳动人民而创作，虽然距离现在时代久远，却能够伴随着人类的成长历程经久不衰，广泛流传于田间地头、大街小巷。除了本身的艺术魅力之外，其通俗易懂、朴实贴切的口语也是民间故事口耳相传的重要原因。

因为通俗易懂、朴实，许多人认为民间故事语言没有多大的教学价值。殊不知，通俗易懂、朴实贴切的口语正是民间故事广为传播的重要原因，也是其富有强大生命力之所在。越是简单的东西，往往内涵越丰富。因而，引导学生品读故事语言，有利于他们形成朴素纯净的语言表达方法和习惯。《猎人海力布》中，当海力布得到龙王赠送的宝石，听到鸟儿说晚上大山即将崩塌、大地要被洪水淹没的消息后，他的劝告一次比一次急促：

海力布听到这个消息，大吃一惊。他急忙跑回家对乡亲们说："咱们赶快搬到别处去吧！这个地方不能住了！"

海力布急得掉下眼泪，说："我可以发誓，我说的话千真万确。相信我的话吧，赶快搬走！再晚就来不及了！"

要救乡亲们，只有牺牲自己。他想到这里，就镇定地对大家说："今天晚上，这里的大山要崩塌，洪水要淹没大地。你们看，鸟都飞走了。"

海力布的三次劝告，既没有华丽铺张，也没有委婉表达，全是口语化的语言，表现了海力布在灾难来临时为拯救乡亲们不惜牺牲自己的品质。教学时，可以模拟场景，出示华丽铺陈、含蓄委婉的表达句式，引导学生对比，在品读中感受最朴实、最直接、最通俗的语言最适合故事场景，从而体会民间故事语言的表达魅力。

又如《牛郎织女》，老牛是牛郎被哥哥和嫂子赶出家门后的唯一朋友，也是促成牛郎和织女相遇、成家乃至帮助牛郎追赶上织女的关键角色。关于牛郎和老牛的关系、对话，充满着兄弟般的温情：

牛郎照看那头牛挺周到。每天放牛，他总是挑最好的草地，让它吃又肥又嫩的青草；老牛渴了，他就牵着它到小溪的上游，去喝最干净的溪水。那头老牛跟他也很亲密，常常用温和的眼光看着他，有时候还伸出舌头舔舔他的手呢。

一天晚上，牛郎走进草房，忽然听见一声"牛郎"，他从没有听到过这个声音。是谁叫他呢？回头一看，微弱的星光下面，老牛嘴一张一合的，正在说话。

老牛说："明天黄昏的时候，你翻过右边那座山，山那边是一片树林，树林前边是一个湖，那时候会有些仙女在湖里洗澡。她们的衣裳放在草地上，你要捡起那件粉红色的纱衣，跑到树林里等着，跟你要衣裳的那个仙女就是你的妻子。这个好机会你可别错过了。"

不仅是上述语段，通篇故事读起来轻松愉快，就如一位长者娓娓道来，又如一个人在静静地倾听。而这种感觉，来源于故事口语化的表达。反复地阅读，静静地品味，潜移默化间习得的是民间故事独特的叙事表达方式和习惯。

三、赏故事情节，体会表达效果

民间故事从生活本身出发，但又不局限于生活实际，往往想象奇特，包含着超自然、异想天开的成分。因而，故事情节多富有趣味性和吸引力。欣赏故事情节，品味动物人格化、反复、对比等方法的作用，体会不同表达方式的不同表达效果。

动物人格化。《牛郎织女》中，老牛在推动故事情节发展过程中发挥了重要作用。除了前面告诉牛郎怎样遇见织女，还在老去之前开口讲话："我不能帮你们下地干活了……我死以后，你把我的皮留着。碰见什么紧急事，你就披上我的皮……"引导学生欣赏这个情节，既可以感知老牛对牛郎的一片忠诚，又为后文牛郎腾空追赶织女埋下伏笔。

情节反复。神话故事《西游记》最擅长反复的表现手法，师徒四人一路西行，弟子们一路降妖伏魔，虽然情节雷同，但读者和观众百读不厌。民间故事也常使用反复的写法。文成公主进藏，克服困难的情节就运用了类似写法：经过路纳，她找树干搭桥过河；过沼泽地，她剪一把羊毛撒在地上，顺利走过；在达尤龙真听说松赞干布已死，她修建石屋写血书；乃巴山挡住去路，她就把乃巴山背到旁边。翻过乃巴山，走了一程又一程，最后来到吐蕃……其实，过河、过沼泽地、在达尤龙真、翻过乃巴山，包括后边的"走了一程又一程"，这些情节复沓。但是，就是这些复沓，神奇而又浪漫，凸显文成公主进藏的决心和勇气，赞扬了她进藏的不朽功绩。

前后对比。《九色鹿》中，关于调达的描写是生动传神而又极富讽刺意味的。当九色鹿告诉调达"你回去后，千万不要跟任何人提起在这儿见过我"，调达郑重起誓，表示决不说出九色鹿的住处，然后千恩万谢地走了。但是，当国王贴出布告时，调达想到的是"这是多好的发财机会"，并立刻跑进宫中告密。前后对比，调达先前信誓旦旦的形象轰然倒地。

欣赏故事情节，不仅提升学生对人物形象的感知，对真善美的判断，还体会了多种手法综合运用的表达效果。

四、问故事人物，感知审美形象

对学生而言，历史和文化都过于厚重深邃，而通俗易懂的民间故事则刚好符合他们的认知，契合精神深处的文化向往和渴求。深受学生喜爱的民间故事，既包含真善美化身的人物形象，又有人格化的动物形象。追问、探究、质疑故事人物，能够帮助学生深化理解，感知审美形象的意义和价值。

文成公主进藏是历史事件，真有其人其事。而民间故事《文成公主进藏》语言浅显，情节生动，带有一定的神奇色彩。怎样引导学生感知公主的形象？问，是独特而有效的办法。首先，问故事的作者。民间故事是老百姓在口耳相传中不断完善的文学作品，创作者是老百姓群体。当老百姓把公主进藏的历史事件编成生动传奇的故事并千百年来传颂，可见公主是善的化身，是美的使者。其次，问人格化动物。故事中先后出现了三只动物：公主过河以后，一只小鸟善意地提醒沼泽地不好走；到了达尤龙真的时候，乌鸦不怀好心说坏话，说松赞干布已经死了，想阻止公主前行；当公主决定继续前往时，神鸟天鹅带来松赞干布没死的喜讯，并鼓励她勇敢前往。引导学生质疑追问三种不同的鸟，能够感受公主前行中的困难重重，表现公主的坚定和智慧。由此，问人物形象，帮助学生明白故事是对美的颂扬，是对美的礼赞。

同样，在《牛郎织女》故事中，借助老牛形象，突出体现了牛郎、织女的纯朴、勤劳和善良。

五、读故事群文，领略艺术魅力

教学民间故事，是一种文化的传承，更是一种民族之魂的皈依。中国是一个古老的民族，更是一个智慧的民族，劳动人民创造了许多题材广泛而又充满幻想的叙事体民间故事。学生在课堂上所接触到的《九色鹿》《文成公主进藏》《猎人海力布》《牛郎织女》等篇目，仅仅是民间故事巨大宝库中的几颗珍珠。

故事语文教学课上情生，课后情未了。引导学生将阅读兴趣延伸到课外，将学习方法迁移到其他经典民间故事，学生将在比较、欣赏、想象、讲演中领略民间故事的艺术魅力，获得新的认识和发展。例如，教学《猎人海力布》，拓展阅读同主题民间故事《牡丹花的传说》，学生所感受的，不仅是鹦哥为救乡亲们而不怕牺牲的壮举，还有撒下的金丹化作漫山遍野牡丹花开的奇特想象。又如群文阅读《牛郎织女》《一幅壮景》《白蛇传》《梁山伯与祝英台》等民间故事，体会的又何止是古代劳动人民对真善美的追寻与渴望！

民间故事犹如拂面而来的春风，轻盈恬淡，带着隽永的花草香；又宛若冬日的暖阳，温情和美，净化了夏燥与秋瑟。民间故事教学循着故事的轨迹，一路品读故事语言、欣赏故事情节、对话故事人物，学生习得的是纯净朴实的口语表达，感知的是隽永恒久的审美形象，领略的是史诗般不朽的艺术魅力。民间故事教学，学生推开的是一扇认识真善美的窗，踏上的是一条领略民间故事艺术魅力的大道，且行且收获。

第五节　　历史故事教学

中华历史，上下五千年。从盘古开天地到殷商文明，从纷乱争鸣的春秋战国到一统天下的秦汉两晋，从英雄才俊纷涌的隋唐到仁人志士汇集的明清，虽然历史在更迭，一切均已成为过往，但文化在传承，智慧在闪光，思想在延续……

读史，使人明智。读故事，让我们博古通今。独特的体例，曲折的情节，生动的语言，鲜活的人物，历史故事让我们洞察人性品质，发掘文学魅力，感受民族智慧，过往的历史也就拥有了视觉感和触摸感。历史故事不同于童话、寓言、神话和民间传说，它拥有自身的特点。

事件的真实性。历史故事所讲述的事件，包括故事发生的时间、地点和所刻画的人物，都是历史中的真实存在，而不是虚构的、夸张的。就如张骞，为实现汉武帝联合大月氏抗击匈奴的战略意图，他从长安出发，经匈奴被俘，被困后逃脱，最终促使汉夷文化交往频繁，中原文明经"丝绸之路"迅速传播。真实的事件，卓越的贡献，西域之行至今举世称道。

叙说的故事性。虽说同属故事范畴，但历史故事的情节更生动，细节更清晰，所描述的人物形象个性更鲜明，因而故事性更强。比如《三顾茅庐》中刘备恭候诸葛亮的场面描写就很细腻：

到了诸葛亮的家，刘备上前轻轻敲门。出来开门的童子告诉刘备，诸葛先生正在草堂午睡。刘备让童子不要惊醒先生，吩咐关羽、张飞在门口休息，自己轻轻地走进去，恭恭敬敬地站在草堂的台阶下等候。等了半晌工夫，诸葛亮翻了一个身，又朝里睡着了。又等了一个时辰，诸葛亮才悠然醒来。刘备快步走进草堂，同诸葛亮见面。

"轻轻敲门""让童子不要惊醒""吩咐关羽张飞在门口休息，自己轻轻走进去，恭恭敬敬地站在草堂的台阶下等候"等细节形象生动地再现了刘备求贤若渴的真心诚意，感人至深。

表现的独特性。历史故事不像童话和寓言一样假借故事来表达愿望、揭示道理，也较少运用想象和夸张来表现主题，但是历史故事在表达上也有自身的独特性，比如通过环境描写烘托气氛，运用矛盾推动情节发展，采用细节刻画人物形象等。

教学历史故事，是师生穿越时空和古人以及语言文字对话的过程。我们力图把握故事的精要，引领学生在历史故事中徜徉、汲取和采撷，让学生学习独特的表达方式，感知古人的优秀品质，感受祖国灿烂的文化。

一、了解背景，还原历史真实

教材中的历史故事，是以单篇的形式出现，且呈现的都是最精彩的部分。而故事发生的背景，往往极少提及或者根本没有交待。因此，学生所接触到的历史故事并不完整。

此外，历史故事取材于真实的历史事件，而历史事件距离学生的生活又特别遥远，加之平时所获得的历史知识并不丰富，学生很少了解历史故事产生的背景，难以对历史故事形成全面的认知，对历史人物进行客观的评价，领悟故事所承载的意义和价值。

了解背景，还原历史，是帮助学生深入学习历史故事的重要措施之一。例如，教学《草船借箭》就不能够以本为本，封闭地将借箭的原因单纯地理解为"周瑜看到诸葛亮挺有才干，心里很嫉妒"，而应该还原历史，将故事发生的历史背景鲜活地展示在学生面前：

东汉末年，曹操、刘备、孙权各据一方，当时曹操刚刚打败刘备，又派兵来进攻孙权，于是刘备和孙权联合起来抵抗曹操。刘备派诸葛亮到孙权那里帮助作战。诸葛亮在推动孙刘联盟的建立和运筹对曹军作战的方略中所表现出的远见卓识和超人才智，使器量狭小的周瑜妒火中烧。为解除诸葛亮对他的威胁，周瑜设下了置诸葛亮于死地的圈套。

了解了草船借箭的历史背景，还原历史真相，学生对周瑜让诸葛亮在三天之内造十万支箭不会感到匪夷所思，对诸葛亮找鲁肃借船借军士且提醒不能告诉都督，并邀请他同船借箭的智慧佩服得五体投地……

为了帮助学生了解故事背景，教师可在教学之前组织学生阅读相关书籍或是上网查找资料，将故事与背景结合起来，在联系、比较中阅读，最大限度地还原历史，深化对故事的理解。

二、着眼细节，欣赏人物形象

历史故事不同于童话、寓言、神话和民间故事，虽说叙述仍然是主要的表达方式，但描写占据了表达的主体地位。环境描写、外貌描写、神态描写、动作描写、语言描写、心理描写等，使故事情节更加生动，人物性格更加鲜明。尤其是细节描写，它抓住故事生活中的细微而又具体的典型情节加以生动细致地描绘，细腻丰满，入木三分。

没有细节描写，就没有有血有肉的人物形象。细节描写常渗透在对人物、景物或场面的描写之中。引导学生着眼细节，可以聆听历史人物的内心独白，可以发现故事人物的性格特点。例如《草船借箭》中关于诸葛亮的"笑"：

这时候大雾漫天，江上连面对面都看不清。天还没亮，船已经靠近曹军的水寨。诸葛亮下令把船头朝西，船尾朝东，一字儿摆开，又叫船上的军士一边擂鼓，一边大声呐喊。鲁肃吃惊地说："如果曹兵出来，怎么办？"诸葛亮笑着说："雾这样大，曹操一定不敢派兵出来。我们只管饮酒取乐，天亮了就回去。"

引导学生结合诸葛亮识人识天气的智慧，联系孙刘联合抗曹的背景，组织品味"笑"的细节，会发现"笑"含义特别丰富：

诸葛亮的"笑"看似简单，实则内涵丰富。首先是自信的笑，是胸有成竹的笑，笑一切事情都在按计划进行，完成造箭任务应该没有问题。同时，是一种嘲笑，既笑周瑜心胸狭窄，又笑鲁肃憨厚老实，更笑曹操生性多疑……（学生赏析）

不只是"笑"这个细节。我重点关注了关羽，发现自从桃园结义尤其是"温酒斩华雄"以来，他每次出场差不多都有一个共同的细节，那就是"捋胡须"。我分析了一下，这个动作其实为他后来败走麦城、大意失荆州埋下了伏笔。因为，"捋胡须"的细节是他内心高傲、刚愎自用的表现。（学生赏析）

着眼细节，不仅赏析文本中的人物形象，还由此及彼，触发学生的发展性思维。又如《司马光砸缸》，讲述小小的司马光从小遇事沉着冷静，一副小大人模样：

有一次，司马光跟小伙伴们在后院里玩耍，捉迷藏。院子里有一口大水缸，有个小孩爬到缸沿上玩，一不小心，掉到缸里。缸大水深，眼看那孩子快要没命了。别的孩子们一见出了事，吓得边哭边喊，跑到外面向大人求救。司马光想了想，急中生智，从地上捡起一块大石头，使劲向水缸砸去，"砰！"水缸破了，缸里的水流了出来，里面被淹在水里的小孩也得救了。

危急时刻，别的孩子"吓得边哭边喊，跑到外面向大人求救"，而司马光并没有慌乱。在智救同伴的场景中，有一个"想了想"的细节耐人寻味。引导学生紧扣细节，将司马光与其他孩子对比，再细细琢磨他当时的心理活动，不难发现司马光从小就具备遇事镇定、急中生智的优秀品质，"捡起一块大石头，使劲向水缸砸去"也就自然而然。

三、关注语言，体会表达效果

历史故事相对于童话、寓言、神话和民间故事，其情节更曲折，人物更鲜活，因而视觉感和触摸感更加清晰。而这种表达效果的达成，离不开语言。历史故事采用浅近平实的语言，明快流畅，雅俗共赏；运用类比、夸张、假定、反问、想象，旁冗侧出，出其不意。下面，我们重点关注在塑造人物形象过程中发挥重要作用的人物对话语言。

夸张语言，形象直观。为了启发听众或读者的想象，达成表达的效果，智者多采用夸张的语言形象直观地表达自己的观点。《晏子使楚》一文中，当楚王看到身材短小的晏子，就嘲笑齐国没有人才。而晏子应对楚王的言辞颇有特色：

晏子严肃地回答："这是什么话？我国首都临淄住满了人。大伙儿把袖子举起来，就是一片云；大伙儿甩一把汗，就是一阵雨；街上的行人肩膀擦着肩膀，脚尖碰着脚跟。大王怎么说齐国没有人呢？"

面对楚王的不屑与嘲弄，晏子从容面对，"张袂成阴、挥汗成雨、摩肩接踵"极言齐国人之多。夸张的语言，义正词严，给楚王有力地回击。

类比语言，含蓄委婉。还是晏子，当楚王笑里藏刀讽刺齐国人干偷盗之事没出息时，晏子面不改色，讲述历史上有名的"橘生淮南，枳生淮北"的故事：

晏子站起来，说："大王怎么不知道哇？淮南的柑橘，又大又甜。可是橘树一种到淮北，就只能结又小又苦的枳，还不是因为水土不同吗？同样道理，齐国人在齐国安居乐业，好好地劳动，一到楚国，就做起盗贼来了，也许是两国的水土不同吧。"

类比语言，不但形象生动地点明齐国人在楚国为盗的原因，而且巧妙含蓄地回敬楚王，反驳强劲又不失礼节。

假定语言，不动声色。智者在处理重大事情的时候，总是特别的冷静。尤其表现在说话上，言语简短且很有智慧。例如《西门豹治邺》中，西门豹惩治巫婆等一干人等，就采用了假定语言：

西门豹一看，女孩子满脸泪水。他回过头来对巫婆说："不行，这个姑娘不漂亮，河伯不会满意的。麻烦巫婆去跟河伯说一声，说我要为他另外选个漂亮的，过几天就送去。"说完，他叫卫士抱起巫婆，把她投进了漳河。

等了一会儿，西门豹对官绅的头子说："巫婆怎么还不回来，麻烦你去催一催吧。"说完，又叫卫士把那个人投进了漳河。

西门豹面对着漳河站了很久。那些官绅都提心吊胆，连气也不敢出。西门豹回过头来看着他们说："怎么还不回来，请你们都去催催吧！"说着又要叫卫士把他们扔下漳河去。

……

西门豹说："好吧，再等一会儿。"过了一会儿，他才说："起来吧。看样子是河伯把他们留下了。你们都回去吧。"

西门豹惩治巫婆和官绅等人，没有采用直接将他们投河淹死的方式，而是依着巫婆骗人的鬼话，假定事情真实，用其人之道还治其人之身，既惩处恶人，又教育百姓，破除了迷信的危害。

不仅是夸张、类比、假定，还有反问、想象、否定的语言方式，在具体语境中都能够加强说话的力量，增强表达效果。

四、鉴赏写法，领悟主旨意图

历史故事虽然来源于历史真实，但是当它以文本的样式呈现时，编者都会对历史事件进行处理，包括详略的安排、对比的运用、环境的烘托、细节的刻画等。

详略的安排。《曹冲称象》围绕称量大象，重点讲述曹操父子的问与答，尤其是曹冲的回答，而对于别人送给曹操一头大象的原因和过程只字未提：

古时候有个叫曹操的人。别人送他一头大象，他很高兴，带着儿子和官员们一同去看。

……

曹操问："谁有办法把这头大象称一称？"有的说："得造一杆大秤，砍一棵大树做秤杆。"有的说："有了大秤也不行啊，谁有那么大的力气提得起这杆大秤呢？"曹操听了直摇头。

曹操的儿子曹冲才七岁，他站出来，说："我有个办法。把大象赶到一艘大船上，看船身下沉多少，就沿着水面，在船舷上画一条线。再把大象赶上岸，往船上装石头，装到船下沉到画线的地方为止。然后称一称船上的石头。石头有多重，大象就有多重。"

为什么详细具体地呈现曹冲有关称量大象的方法，而略去他人送大象的原因与过程？因为故事意在称赞曹冲幼时过人的智慧，因而编者会依据表达的中心，对那些表现人物形象作用不大的历史事件予以适当删减，对那些能够体现人物思想、性格、智慧、精神和品质的事件或情节予以保留并具体化。让学生品味如何详略得当、主次分明地描写历史事件，有助于掌握材料安排的策略，明确作品的主旨。

对比的运用。为了烘托人物形象，历史故事常运用对比写法。《司马光砸缸》中，别的孩子看到出事了，都"吓得边哭边喊，跑到外面向大人求救"，而司马光则"想了想，急中生智，从地上捡起一块大石头，使劲向水缸砸去"，可见司马光遇事沉着冷静且聪慧。《晏子使楚》中，楚王对待晏子的态度前后可谓天壤之别：

楚王仗着自己国势强盛，想乘机侮辱晏子，显显楚国的威风。

楚王知道晏子身材矮小，就叫人在城门旁边开了一个五尺来高的洞。晏子来到楚国，楚王叫人把城门关了，让晏子从这个洞进去。

楚王瞅了他一眼，冷笑一声，说："难道齐国没有人了吗？"

楚王说："既然有这么多人，为什么打发你来呢？"

楚王笑嘻嘻地对晏子说："齐国人怎么这样没出息，干这种事儿？"

楚王听了，只好赔不是，说："我原来想取笑大夫，没想到反让大夫取笑了。"

从这以后，楚王不敢不尊重晏子了。

故事中描写楚王的句子着墨不多，文字精练。引导学生欣赏、比较楚王对待晏子前后态度变化的语句，不仅让楚王狂妄自大、傲慢无理、自讨没趣的形象暴露无遗，而且领略了晏子以国家尊严为重，善于与敌周旋的外交风采。

环境烘托。环境包括社会环境和自然环境。《西门豹治邺》开篇讲到西门豹去管理邺这个地方，看到的是"田地荒芜，人烟稀少"的凄凉景象。而正是这种环境，引起了西门豹的注意，推动了故事情节的发展。又如《草船借箭》中有关雾的描写，反映了诸葛亮的智谋，果真料事如神。环境烘托既能够交代事情发生的背景，渲染气氛，又能够烘托人物心情，反映人物性格，深化作品主题。

历史故事各具特色的写法，给人新颖别致的感觉。带领学生鉴赏故事，有利于感受所塑造的人物形象，领悟故事所表达的主旨意图。当然，还可以学习和借鉴写法，提升表达和写作的能力。

五、博古通今，传承优秀文化

文化是指一个国家或民族的历史、地理、风土人情、传统习俗、生活方式、文学艺术、行为规范、思维方式、价值观念等。中华历史，上下五千年，孕育了辉煌灿烂的文化。历史故事，作为文化经典中的一部分，所散发出的人文、礼仪、智慧、情感、精神等方面的魅力，熠熠生辉。

礼仪文化。中国素有"礼仪之邦"美称，中国人也因彬彬有礼而著称于世。作为传统文化的重要组成部分，礼仪文化对中国社会历史，尤其是对人类发展起了广泛而又深远的影响。教学历史故事，可引导学生关注相关描写，感受其间所蕴含的礼仪文化。例如教学《三顾茅庐》，组织欣赏"离诸葛亮的住处还有半里多路，刘备就下马步行""恭恭敬敬地站在草堂的台阶下等候"等拜访诸葛亮的句子，感受刘备对孔明的敬重，认识到"下马步行""站在台阶下等候"是古代的一种礼仪。

外交策略。在漫长而悠久的历史长河中，许多的外交人士智慧超群。尤其是战火纷飞、弱肉强食的年代，他们往往作为使者，传达君王旨意，肩负联络结盟的重要使命。例如晏子，貌不出众，但为齐国繁荣富强立下了汗马功劳。教学《晏子使楚》，可结合晏子对楚王三次侮辱的有力回击，体会晏子足智多谋、刚正不阿、针锋相对、有礼有节的外交智慧和能言善辩的风采。

战略智慧。中华文化是世界上持续最久又辐射最广的文化。中国战略文化起源非常早，从夏商周到春秋战国，"国之大事，在祀与戎"。历数孙武到诸葛孔明，以至后来的兵家智者，"知彼知己，百战不殆""天人合一""不战而屈人之兵"等战略思想精彩纷呈。教学《田忌赛马》，引导学生品味"还是原来的马，只调换了一下出场顺序，就可以转败为胜"，能够让学生感受战术的奇妙，体会孙膑的智慧。

不只是礼仪文化、外交策略和战略智慧，中华文化博大精深，涵盖社会、生活等方方面面，值得我们去体会、去传承。

历史故事有背景，隐藏着事件的来龙与去脉；历史故事有细节，刻画出人物的性格与品质……了解背景、着眼细节、关注语言、鉴赏写法，通古博今，呈现给学生的是一幅生动的历史画卷，一群个性鲜明的人物形象，一段隽永深刻的成长启示，一份厚重的文化积淀，以及作为炎黄子孙的无限骄傲。

第六节　　古文故事教学

　　文言文是在古代汉语基础上经过加工提炼而形成的一种古色古香、纯朴典雅的书面语体。而小古文，从严格意义上讲，是适合儿童阅读的浅近易懂、篇幅短小的文言文。

　　在传承优秀传统文化大背景下，依据学生认知特点与发展需要，选择安排一些古文进教材（因所安排的古文篇幅都比较短小，后文均以小古文称呼），笔者认为这是一种创新之举。虽同属文言体系，小古文也有自身的特点。

　　篇幅短小，情节简单。三至六年级教材总共安排了十多篇小古文，涉及历史人物、寓言故事、神话故事和民间传说。从字数上看，这些小古文篇幅短小，最多也不过百来字。从内容上看，除五年级上册《古人谈读书》为论述读书态度和方法外，其余小古文均为短小精练的故事，情节也极为简单。

　　文字浅近，含义深刻。教材所选小古文，虽然个别词语、句子比较深奥，但相对其他文言文来说还是更浅近，符合学生成长的实际。当然，篇幅短小的小古文同样是中华民族古老而厚重文化的载体，浅近凝练的文字同样蕴含着先人的思想、情感、精神和智慧，反映着古人的生活状态和人生哲学，内容丰富，含义深刻。

　　钱梦龙先生在《文言文教学改革刍议》中说道："文言文教学是语文教学改革的一个'死角'，即使在语文教学改革很红火的年代，文言文教学这块'世袭领地'上仍然是一派'春风不度玉门关'的景象。"小古文教学，处于文言文学习的初始启蒙阶段，是文言教学的先行探索。它既能够帮助学生积累丰富的文言知识，为文言文学习奠定基础，又能够帮助学生感受文言魅力，了解祖国悠久灿烂的文化，激发学生热爱祖国语言文字的思想感情。

一、读通读顺是前提

小古文大多短小精悍、文质兼美。但毕竟是古文，除了所讲述的故事离学生时代久远，文言词语和文言句式都是学习的障碍，单是读好，都不是件容易的事。因而，学习小古文的前提是将故事读通读顺。

教师读好小古文，将直接影响学生对小古文的兴趣以及学习的效果。《司马光》是小学阶段安排的第一篇文言文。在学生对小古文感到陌生又新奇的情况下，教师的范读至关重要。教师示范时，起初可以读得慢一点，便于学生听清停顿并模仿跟读。等到较为熟练时，可以恢复自然语速。在此基础上，教师再结合朗读指导学生断句，提示句号处的停顿稍微长一些，逗号处的停顿略短，词与词之间的停顿再短一点。《司马光》全文断句如下：

群儿 / 戏于庭，一儿 / 登瓮，足跌 / 没 / 水中，众 / 皆弃去，光 / 持石 / 击瓮 / 破之，水迸，儿 / 得活。

结合断句试读，比照教师的范读，学生能够感觉原本枯燥生涩的文言文字有了特别的味道。如果再配上抑扬顿挫的语气语调，朗读就更加有滋味。

随着小古文学习的逐渐深入，教师应鼓励学生尝试自行断句，自行朗读。当然，文言文和白话文在语言和表达上还是存在较大的差别，有些小古文的断句还需要教师提示和指导，比如《杨氏之子》和《学弈》中的某些句子：

梁国杨氏子九岁，甚聪惠。孔君平诣其父，父不在，乃呼儿出。为设果，果有杨梅。孔指以示儿曰："此是君家果。"儿应声答曰："未闻 / 孔雀 / 是 / 夫子家 / 禽。"

弈秋，通国之善弈者也。使 / 弈秋 / 诲 / 二人弈，其一人专心致志，惟弈秋之为听；一人虽听之，一心以为有鸿鹄将至，思 / 援弓缴 / 而射之。虽与之俱学，弗若之矣。为是其智弗若与？曰：非然也。

书读百遍，其义自见。教师示范读，指导断句后让学生尝试读，包括引导学生结合注释厘清句意之后的理解读，有助于学生读通读顺。当然，能够将小古文读到能吟会诵的地步，那将是另外一种境界。

二、自学自悟是基础

学生的潜力是不可估量的。无论是白话文教学还是小古文教学，都得走向生本。充分发挥学生的主观能动性，让他们积极参与了解小古文、琢磨小古文、理解小古文等学习实践，培养学生对小古文的情感，提升学习的效度。

读通读顺是学习小古文的前提。但是，会读并不代表读懂。有别于白话文的是，小古文虽然篇幅短小，语句简练，但其内涵丰富，含义深刻。讲解只能使人知道，自学自悟却能让人丰满与厚实。因而，在读通读顺的基础上引导学生结合注释、比照白话文、联系上下文自学自悟，既可习得学习小古文的方法，又可浸润文言文化，获得独特的体验和感受。

结合注释自学自悟。《司马光》一课一共安排了六个"注释"。这六个"注释"，既交代小古文的出处，又介绍"庭、瓮、皆、光、迸"等重点词语的意思，在帮助学生初步感知小古文语言凝练的特点之外，还能帮助学生了解故事大意。

比照白话文也是学习小古文的主要方法。教学实践中，可试着将小古文中的某些词换成现代汉语中的常用词语来理解。例如上述文中的"登"换成"爬上"，"庭"换成"庭院"，"足"换成"脚"，"去"换成"离开"，比较文言文与现代文的联系与差异，理解小古文就相对容易多了。

此外，有些特别的文言表达方式，比如简称、代称、省略、倒装等，也会给学生的理解带来一定的困难。教师得引导学生结合小古文的具体语境，联系上下文来理解。比如"光持石击瓮破之"中的"光"，学生是比较费解的；"群儿戏于庭"也与平时的表达顺序不太一样；《杨氏之子》中的"为设果，果有杨梅"，到底是谁为谁设果？联系上下文，发现"光"是"司马光"的简称；"群儿戏于庭"是一群儿童在庭院中玩闹嬉戏；孔君平拜访杨氏子父亲，杨氏子父亲不在，杨氏子给孔君平摆上了水果。联系上下文理解关键词句，是培养学生课外阅读文言文最有效的办法。当学生能够结合具体语境、联系上下文理解，他们将获得文言文学习的成就感，阅读欲望自然增强。

三、欣赏评价是重点

选入教材的小古文大多脍炙人口，是文质兼美的篇目，不仅语言典雅，结构精美，而且故事精彩，值得细细品味和欣赏。

品评字词的用法。王安石绝句《泊船瓜洲》"春风又绿江南岸，明月何时照我还"堪称炼字的经典：初云"又到江南岸"，圈去"到"字，注曰"不好"；改为"过"，复圈去而改为"入"；旋改为"满"；凡如是十许字，始定为"绿"。古人写诗、作词、作文莫不如此。他们多根据表达的需要，挑选最贴切、最传神的字词来表情达意。陶渊明"悠然见南山"的"见"字，宋祁"红杏枝头春意闹"的"闹"字，纳兰性德"聒碎乡心梦不成"的"碎"字，都是诗人词人反复斟酌、精心挑选的最富表现力的字。《杨氏之子》中，当孔君平指着盘中的杨梅果说这是杨家的水果，杨氏子的表现实在令人称奇，除了用否定词"未闻"委婉地回绝，还用"应声"一词，传神地描述杨氏子在被诘问时的思维敏捷，突出其"甚聪慧"。

评价个性化语言。语言是人物性格、心理、情感和品质的外在表现。评价小古文中的人物语言，能够有效鲜活人物形象，体会故事表达意图。《王戎不取道旁李》中，别的孩子看到李树多子，"竞走取之"，而王戎一句"树在道边而多子，此必苦李"解释了"唯戎不动"的根本原因，说明王戎从小善于思考和推理。又如《书戴嵩画牛》，一牧童看到戴嵩画的《斗牛图》，拍手大笑"此画斗牛也！牛斗力在角，尾搐入两股间。今乃掉尾而斗，谬矣！"拊掌大笑，连同极富个性化的语言，生动地描摹了牧童的率真，讽刺了那些凭空想象的外行人，告诫人们"耕当问奴，织当问婢"的道理。

欣赏特殊句式。为了增强表达效果，小古文在表达过程中也会使用一些特殊的句式，比如否定、比较、问句、排比等。这些特殊句式在表达意图、反映认知、刻画特点、突出人物品质等方面发挥重要的作用。例如《杨氏之子》中的"未闻孔雀是夫子家禽"，运用否定句式，委婉地表达"既然孔雀不是先生您家的鸟，那杨梅也不是我们家的果子"。《学弈》中，同是弈秋教导二人学弈，"一人专心致志，惟弈秋之为听；一人虽听之，一心以为有鸿鹄将至，思援弓缴而射之"，对比学习态度，结果可想而知。又如《学弈》结尾，采用"为是其智弗若与？曰：非然也"问答句式，强调语气，突出专心致志的重要性。

形式多样的欣赏评价，学生感受的是小古文语言的精美深邃，体会的是中华文化的博大精深。

四、讲演改写是深化

语言文字是文化传承的载体。小古文故事精练，语言古朴，情节简单而又生动，适合学生讲述和表演。在学生熟读成诵、品读感悟的基础上，鼓励他们用自己的语言将小古文故事生动地讲述，不仅丰富故事情节，而且提升语言表达能力和想象能力。

《司马光》《守株待兔》《王戎不取道旁李》《铁杵成针》《杨氏之子》《两小儿辩日》等小古文都有着完整且生动的情节，除了讲述，还可以通过表演的方式予以呈现。创作剧本，安排角色，细化动作，酝酿感情……讲演之间，古色古香的语言文字逐渐积累并外化为鲜活的人物形象，生动的故事情节，古韵绵延。

改写小古文故事也是一种常用的呈现方式。小古文篇幅短小，含义却很丰富。组织学生将几十至百来字的小古文有创意地改写（严格意义上应该称为扩写）成情节生动、描写具体的白话文故事，不但让学生对文言文的内涵有更加深刻的认识和理解，还培养学生的想象能力、写作能力和创新能力，打通小古文教学与现代白话文教学之间的通道，实现了积累与运用的融通。

五、兴趣习惯是传承

传承优秀的传统文化，培养学生的兴趣和习惯至关重要。不积跬步，无以至千里；不积小流，无以成江海。要让学生保持对小古文以至文言文的热爱，需要在联系中学习，在实践中提升，在欣赏中强化。

联系中学习。优秀的小古文在讲述精彩故事的同时，往往蕴藏着含义深刻的道理。小古文教学不是封闭保守的，而是开放联系的。在读懂故事之后，教师要鼓励学生将小古文的学习与生活实际联系起来，在比照联系、交流反馈、辩论汇报中感知先人的智慧，懂得蕴含的道理。例如教学《学弈》，教师激活学生思维，引导他们将学弈与生活联系，使抽象的道理具体化，避免小古文教学的空洞与枯燥。

实践中提升。丰富多彩的实践活动能够激发学生学习小古文的兴趣。在习得小古文学习方法之后，可组织学生阅读类似的古文故事。例如，教学《囊萤夜读》，拓展阅读《悬梁刺股》《凿壁偷光》，讲述孙敬、匡衡勤奋苦读的故事，既开阔眼界，又发展运用文言知识解决问题的能力。在课外阅读一些短小精悍的小古文故事的同时，还可鼓励学生发挥想象，将文本改编成课本剧，在演一演、评一评中感受小古文表达之精妙，意蕴之深刻，内涵之丰富，进而提升学习兴趣，养成自觉学习的习惯。

欣赏中强化。要让学生具备一定的文言素养，保持热爱文言文的兴趣和习惯，教师的欣赏和鼓励必不可少。比如，学生在朗读背诵、理解小古文大意、欣赏表达方式、改编故事、拓展阅读等方面，只要有点滴的进步或是独特的做法，教师均需要给予肯定和欣赏。得到教师认可和欣赏的学生，会克服学习小古文的心理障碍，获得学习的兴趣和自信，经巩固后形成学习习惯。

文言文记载和传承了中华民族五千年的灿烂文明和悠久历史。教学小古文，不但有助于学生掌握文言文学习的基本方法，初步感知文言文的语言、表达特色和蕴含其中的思想感情，还能够让学生养成积累文言文的习惯，丰厚文化底蕴，提升审美情趣，传承优秀的传统文化。因而，教师应结合教学实际，创设轻松愉快的教学氛围，使学生爱学、能学、善学，成为一个真正有文化积淀的人。

第六章 故事语文教学实践案例

通过教学内容及方式的开放，在与文本对话过程中追寻文明的源头，体验想象的魅力，感受古人的智慧，领悟文化的深邃，激发学生对故事文化的热爱。

第一节　品神奇故事，续美丽童话
——《我变成了一棵树》教学案例

一、设计理念

《我变成了一棵树》想象奇特，将人与动物、植物之间的相遇与交往描写得有如童年生活中的真实存在一样富有生活气息，使不同生命之间的交流、关爱格外地温馨与自然。教学本课，基于童话特点和想象主题，关联故事语文教学的元素与方法，通过聊故事、读故事、品故事和创编故事等途径，引导学生走进故事情境，体会想象的奇妙，激发创新思维，续编故事的后续发展和创编属于自己的美丽"变化"，于童话中表现童真、童趣。

二、教材分析

《我变成了一棵树》选自统编教材三年级下册，是中国作家顾鹰创作的一个贴近学生生活、富有儿童情趣的童话故事，讲述了英英因为不想吃饭而变成一棵树的奇妙经历，展现了儿童丰富的想象和母子间的默契与关爱。"指导学生有感情朗读，感受想象的神奇，并能激发学生的想象思维"是单元教学重点，"抓关键词体会表达效果的不同并进行创编故事的尝试"是单元教学难点。因此，教学实践时，应引导学生紧扣想象神奇且富有情趣的情节，抓住关键词句，通过品读想象画面，在体会表达效果的同时激发想象，尝试创编故事，为单元习作打好基础。

三、教学目标

1.正确、流利地朗读课文，读懂故事主要内容。

2.抓住关键词句品读想象，体会表达效果的神奇并进行语言文字训练。

3.拓展学生思维，展开想象创编故事。

四、重点难点

重点：体会表达效果的神奇并进行语言文字训练。

难点：拓展学生思维，展开想象创编故事。

五、教学过程

（一）聊故事，分享奇特的想法

1.播放儿歌《我会变》，引导学生谈话：每个人都有烦恼，如果真的给你一次变的机会，你最想变成什么？

2.结合学生的分享，教师肯定那些奇特的想法。

【设计意图】以聊故事开篇，既吻合学生生活经验，又激发大胆想象，为读故事感知想象的奇妙做铺垫。

（二）读故事，初识想象的奇妙

谈话：有个叫英英的小朋友，因为不想吃饭，选择变成了一棵树，他会有哪些奇特经历呢？

1.出示生字词语，检查预习情况。

形状　狐狸　丁零　巧克力　香肠

继续　抬头　秘密　痒痒　鳄鱼

2.自由朗读课文，交流阅读发现。

（1）我为什么要变成一棵树？

预设：我真希望变成一棵树，这样就没人在你玩的时候叫你吃饭了。

（2）我变成了一棵什么样子的树？

预设：我变成了一棵长满各种形状的鸟窝的树：三角形的、正方形的、还有长方形的、圆形的、椭圆形的、菱形的……风一吹，它们就在枝头跳起了舞。

（3）变成这样一棵奇特的树以后，我想干什么？

预设：我会请小兔、小刺猬、小松鼠、小鸭子、小鳄鱼、小狐狸住在里面，如果你喜欢也可以住进来。

（4）我变成一棵树以后，发生的最奇妙最有趣的事是什么？

预设：傍晚的时候，妈妈背着一个大包过来了。妈妈打开背包，从里面拿出好多东西：巧克力、香肠、面包、花生、牛奶……她把它们分给小动物们。他们一起在我的鸟窝里津津有味地吃了起来。我开始想念家里那些香喷喷的饭菜，好像还看见爸爸正在大口大口地啃着一块糖醋排骨。我馋得直流口水，被妈妈发现了。

3. 学生再读课文，想象故事画面。

【设计意图】交流阅读发现，用四个问题串起文章的主要情节，初步感知想象的奇妙。

（三）品故事，体会想象的神奇

1. 依据关键词句，简要复述故事内容。

2. 默读课文，品读最有趣的语句，体会想象的神奇。

预设一：我心里想着，就觉得身上痒痒的，低头一看，发现许多小树枝正从我身上冒出来。呀，我真的变成了一棵树！

（1）结合"痒痒的、冒出来"想象我身体突然发生的变化，感受变化过程中的有意思、有趣味；

（2）体会再也不用担心被叫去吃饭时的那份快乐和自由。

预设二：我变成了一棵长满各种形状的鸟窝的树：三角形的、正方形的，还有长方形的、圆形的、椭圆形的、菱形的……风一吹，它们就在枝头跳起了舞。

（1）提示冒号的作用，感受鸟窝的数量之多；

（2）想象"三角形、正方形、长方形、圆形、椭圆形、菱形……"的样子，体会鸟窝的形状美；

（3）探讨鸟窝里面不住小鸟，而是邀请一些不会飞的小动物和小朋友来住的原因。

（引导学生分别设想不同动物住进鸟窝的动机：小兔子住到鸟窝里就可以躲避凶猛的大老虎，小松鼠不想住在昏暗的树洞里，小鸭子想和小鸟们做朋友，小朋友也和我一样躲开唠叨的妈妈……）

预设三：我会请小兔、小刺猬、小松鼠、小鸭子、小鳄鱼、小狐狸住在里面，如果你喜欢也可以住进来。你怎么住进来？别担心，我会弯下腰，让鸟窝离你很近很近，你只需轻轻一跳或者轻轻一爬，就像平时上你的小床那么容易。

（1）结合"轻轻一跳、轻轻一爬、就像……那么容易"体会住进鸟窝的方便。

（2）设想各种小动物住进鸟窝的快乐情景，进一步感受自己变成一棵树的快乐和幸福。

预设四：傍晚的时候，妈妈背着一个大包过来了，我的心嘭嘭地跳着，震得树上的鸟窝都一动一动的，发出丁零丁零的声音。

（1）理解"丁零丁零"的意思，思考：根据这个词你想到哪些场景？

（2）结合"心嘭嘭地跳着、震得、丁零丁零"体会我见到妈妈时的激动和紧张。

预设五：妈妈打开背包，从里面拿出好多东西：巧克力、香肠、面包、花生、牛奶……她把它们分给小动物们。他们一起在我的鸟窝里津津有味地吃了起来。

（1）用自己的话描述动物们吃东西的场景。

（2）想象我看到动物们吃东西时的心情。

预设六：唉，变成了树真麻烦。他们连水珠是从我的嘴巴里流出来的都不知道。

（1）水珠是什么？

（2）有感悟地朗读鳄鱼、小松鼠和小白兔的对话，体会我当时的心情。

预设七："小馋猫，肚子饿了，对吧？英英！"妈妈说话了，还对我眨了一下眼睛。噢，最了解我的人到底还是妈妈。哎呀，她是怎么知道我的秘密的？

（1）分角色品读语句。

（2）讨论：妈妈是怎么知道我的秘密的？

（妈妈最爱英英，最了解英英，知道她什么时候会饿，饿了喜欢吃什么。英英变成树的事情她早就知道了，只是假装不知道。）

3.探讨：妈妈既然知道英英饿了，为什么还要故意馋着他？

【设计意图】抓住关键语句复述，安排六个预设品读，探讨妈妈故意馋英英的原因，既把握故事主要内容，又体会想象神奇，并感知妈妈的智慧。

（四）创编故事，放飞想象的翅膀

1.讨论，续编故事。

（1）英英是否由树变回了人？英英到底回家吃饭了没有？

（2）如果妈妈也会变，她最想变成什么？

（提示：此处设问意在引导学生探索故事结局，续编故事，只要想象合理、能自圆其说即可。）

2.交流，编写自己的故事：

你有过什么烦恼？如果你也会变，你最想变成什么？又会发生什么奇妙的事情？请把故事写下来。

【设计意图】就着故事续写故事，由读到写过渡无痕，不仅延续了精彩，还极大地发展了学生的思维。"我"的童话不是梦，巧妙地设计，能为学生创作自己的"变化"故事夯实基础。

六、精彩片段

师：每个人生活中都会遇到一些麻烦事，此时如果你也会变，你想变成什么？请你来想一想，先说清楚遇到了什么事，再说你想变成什么。

生：最近我的妈妈总是逼我写练习题，家庭作业做完了还要写卷子，没有写完就不给我睡觉。

师：这的确是件很麻烦的事。你想变成什么来应对这种情况呢？

生：如果我会变，我想变成一个隐形人，这样妈妈就找不到我了，我可以想睡觉就睡觉，想去玩就去玩！

师：这个想象非常合理，听起来也非常管用。请你继续想象，变成隐形人之后，又会发生什么奇妙的事情呢？

生：我偷偷地打开了我家的零食柜，拿出我最喜欢的薯条和薯片，嘎吱嘎吱地吃了起来。

师：你这个小吃货，看来你惦记你家的零食柜不是一天两天了。（全班笑）

生：我妈妈总是不给我吃，说是垃圾食品。每次都要我写很多作业，才肯奖励我吃一点点，简直太小气了。现在我变成隐形人了，我可算自由了，我想吃多少就吃多少。（全班笑）

师：真是痛快呀！但老师担心这嘎吱嘎吱的声音，被妈妈听到了怎么办？

生：这时候我赶紧丢下薯片逃跑。妈妈过来一看，就会以为是老鼠偷吃了薯片呢！

师：真有意思！变成了隐形人，好处可真不少。你这隐形的能力可以保持多久呢？

生：只有晚上才可以隐形，到了白天，我就恢复啦！我妈妈看到我，吓了一大跳："霖霖，你昨晚去哪了？我怎么到处都找不到你呢！"我就跟妈妈说："是作业妖怪把我抓走了，因为我作业太多了，他想把我抓到作业王国去，再也回不来了。"从此以后，妈妈再也不敢让我写很多作业了。（学生笑，鼓掌。）

师：恭喜你，终于得偿所愿了！你这个故事非常有意思，你愿意动笔把它记录下来吗？我希望今后还可以读到它。

生：我愿意！

（学生动笔写故事。）

……

七、教学启示

读到《我变成了一棵树》，我的心情久久不能平静，既为英英不想吃饭而变成一棵树的童真行为感到好笑，又为妈妈为了故意馋我而特意背来大包零食的良苦用心而赞许，还有那些轻松活泼而又画面隽永的细节刻画，比如"你只需轻轻一跳或者轻轻一爬，就像平时上你的小床那么容易""妈妈说话了，还对我眨了一下眼睛"，不得不佩服想象的大胆、童话的魅力。

反复朗读、品味间，确立了以"品神奇故事，续美丽童话"为主线的教学思路，即基于童话特点和想象主题，关联故事语文教学的元素与方法，引导学生走进故事情境，体会想象奇妙，激发创新思维，续编故事的后续发展和创编属于自己的美丽"变化"。

实践下来，发现基于童话特点和想象主题的教学思路吻合学生的心智年龄特征，能够充分调动学生聊故事、读故事、品故事和创编故事的积极性，尤其是在品读感受基础上的续编故事和创编故事，再现了《我变成了一棵树》的后续精彩。

当然，因为是尝试创编故事，学生的思维还不够灵动，想象还有些局限，在创编属于自己的美丽"变化"童话时显得有些拘谨。这也进一步说明了"品神奇故事，续美丽童话"教学思路的重要性和必要性。

（供稿：廖丽葵）

第二节　解寓言魔袋，获特别精彩
——《我要的是葫芦》教学案例

一、设计理念

以故事为载体，通过细读品味、朗读感悟、故事引入等方式，调动学生学习寓言故事的兴趣，激活思维，使学生在理解寓言故事的基础上能够复述故事、创编故事，发展语文素养。

二、教材分析

《我要的是葫芦》是部编版二年级上册第五单元课文，单元教学重点是"初步体会课文讲述的道理"。本文篇幅短小，形象鲜明，语言生动活泼，富有童趣。通过学习，学生将懂得生活的一些基本道理，获得思考问题的一些初步方法。

二年级上册第一单元教学要求"借助图片，了解故事内容"，第三单元教学重点是"借助关键词句，理解故事内容"。从"了解故事内容""理解故事内容"到"初步体会课文讲述的道理"，这种编排思路体现了教学由易到难、螺旋上升的梯度发展。

三、教学目标

1.认识"葫、芦"等11个生字。

2.能正确、流利地朗读课文，体会反问句、感叹句与陈述句的不同表达语气。

3.根据关键词语提示，生动讲述故事，懂得事物之间是有联系的。

四、重点难点

正确、流利地朗读课文。根据关键词语提示，生动讲述故事。

五、教学过程

（一）走进文本故事，激发学习兴趣

1.出示图片，导入故事。

出示葫芦的图片，相机指导："葫芦"的"芦"读轻声，要读得又轻又短。

2.齐读课题，交流质疑。

组织学生齐读课题，交流读课题的感受。

【设计意图】利用学生读课题后产生的疑问，引导学生自主探究，激发学习兴趣。

（二）了解汉字故事，传承汉字文化

1.自由读课文，读准字音。

（1）学生自由朗读，要求读准字音，读通句子。

（2）检查生字词的读音，相继提醒读准后鼻音"藤"字。

2.观察字形，了解字义。

（1）观察汉字，了解汉字规律。

课件出示"葫芦藤、花谢、蚜虫"，引导学生观察，点明有草字头的字一般与植物有关。

课件出示"感想、奇怪、慢慢地"，引导学生观察，自觉发现心字底和竖心旁的字一般与心理活动有关。

课件出示标红词语：花谢的"谢"和自言自语的"语"。引导学生发现"谢"除了表达感谢的意思，还表示凋零、衰退。结合《新华字典》的解释，联系具体语境理解"谢"的不同含义。

教师小结汉字特点。

（2）讲述汉字故事，激发学习兴趣。

教师讲述"谢"的小故事：明朝有位大官叫解缙，他才思敏捷，很有学问，每天都陪着皇帝一起读书。转眼间几年过去，解缙十分想念亲人，便向皇帝请求："皇上啊！我好久没回家看望亲人了，请让我回家看看吧！"皇帝舍不得放他走，就故意为难他说："这样吧，我给你出个上联，如果你能对出下联，我就准你回家！"这上联是"十口心思，思妻思子思父母。"没想到聪明的解缙才走了两步，就答道："言身寸谢，谢天谢地谢君王。"孩子们，如果你是这个皇帝，你会准假吗？

【设计意图】字词教学在低年级是重要的环节，读准字音是基础，掌握识字方法、能够触类旁通是关键。将有趣的汉字故事引入课堂，既丰富汉字教学的内蕴，又激发学生对祖国语言文字的热爱。

（三）概述故事内容，提升语言表达

请学生上台复述故事，并且提出学习期待：学完这篇课文后，能把这个故事讲得更具体，更生动。

【设计意图】寓言故事短小，情节生动。让学生复述故事，既锻炼学生语言表达能力，又能掌握学生对故事理解的程度，以学定教，为后面的教学做好铺垫。

（四）品读文本故事，感悟人物形象

1.学习第一自然段。

（1）指导朗读，激活想象。

学生齐读第一自然段。教师指导学生结合"小葫芦的可爱、葫芦叶子的碧绿、葫芦花的雪白"想象画面，读出美感。

（2）品关键词，体会情感。

引导学生抓住关键词"每天、几次"，体会种葫芦的人对小葫芦的喜爱之情。

2.学习第二自然段。

（1）对比句式，体会感叹语气。

课件出示：当种葫芦的人发现叶子上爬着一些蚜虫，他心里想：有几个虫子怕什么！

引导学生关注标点符号"！"，体会句子所表达的强烈语气。

（2）角色扮演，体会人物形象。

课件出示：他盯着小葫芦自言自语地说："我的小葫芦，快长啊，快长啊！长得赛过大南瓜才好呢！"

引导学生抓住"自言自语、盯"等词语，体会种葫芦的人希望葫芦快点长大的急切愿望。

指导学生表演读，体会种葫芦的人迫不及待的心情。

3.学习第三自然段。

（1）代入角色，读出感情。

课件出示：你别光盯着葫芦了，叶子上生了蚜虫，快治一治吧！

请学生把自己当成文中的邻居，边读边劝，体会邻居着急的心情。

（2）对比句式，体会反问语气。

课件出示：什么？叶子上的虫还用治？我要的是葫芦。

理解反问句"叶子上的虫还用治"的意思，体会反问句所表达的强烈语气。

（3）同桌合作，分角色表演读。

首先男女生分角色朗读，然后同桌合作表演读，最后请同学上台表演。

4.学习第四自然段。

课件出示：没过几天，叶子上的蚜虫更多了。小葫芦慢慢地变黄了，一个一个都落了。

齐读最后一段，感受种葫芦的人的难过、伤心。

5.鼓励学生生动具体地讲述故事。

【设计意图】品读是帮助学生理解课文、发展思维的重要手段。让学生品味文本中的语言，细嚼文中的标点，体会故事中主人公的语言、动作、神态，再读好人物对话，上台表演展示。只有学生在读故事、演故事的过程中深刻理解文本，学生才能生动传神地讲好故事、演好故事。学生在讲故事的过程中，既是语言文字到思维的训练，也是思维到语言文字的训练，为后面的写故事做铺垫。

（五）创编课后故事，开拓思维发展

课后作业：叶子都落了，小葫芦也没了，种葫芦的人看见这个景象，会想些什么，说些什么呢？如果第二年春天又种了一棵葫芦，又看到叶子上的蚜虫，他会怎么想？怎么做？

【设计意图】阅读是输入，表达是输出。通过创编故事，激发学生的思维，唤起学生的审美创造。

六、精彩片断

师：正当这个人沉浸在自己的喜悦中，一个邻居看见了，怎么劝他？

生：你别光盯着葫芦了，叶子上生了蚜虫，快治一治吧！

师：邻居们，看到生了这么多蚜虫，你的心情是怎样的？

生：着急。

师：那你能读出这种着急的心情吗？

生：你别光盯着葫芦了，叶子上生了蚜虫，快治一治吧！

师：哎呀，邻居看到了都替他着急，但他却没有听邻居的劝告。他感到很奇怪，说……

生：什么？叶子上的虫还用治？我要的是葫芦。

师：叶子上的虫还用治？这个反问句想表达的意思是？

生：叶子上的虫不用治。

师：反问句要读出什么样的语气？

生：读出强调的语气。

师：你来读一读。

生：什么？叶子上的虫还用治？我要的是葫芦。

师：读出了感情！下面请男女生合作，分角色读一读。女生读种葫芦的人的话，男生读邻居的话。

师：读得真好！下面，不仅要读出他们的对话，还要加上动作和表情演一演。请同桌相互练习。

师：请同学们上台演一演。

（女生演邻居，在劝说种葫芦的人时语气非常急促，不仅配上动作，还指着小葫芦让邻居仔细看，好像叶子上真有虫子一样！）

师：请同学们点评他们的表演。

生：邻居演得很好，种葫芦的人再稍微加点动作就更好了！

师：噢，我也觉得这个邻居演得特别到位！有动作有表情，谁愿意再来试试？

（又一女生演邻居。她把一位同学当成了小葫芦，指着他说："我的小葫芦啊，你快长啊，快长啊！"边说边用手做向上延展的动作，希望小葫芦快点长。"长得赛过大南瓜才好呢！"并用手画圈，比画大南瓜！之后，一男生演邻居。他先用手拍了拍种葫芦的人的肩膀，引起他的注意，然后用急切的语气劝说："叶子上生了蚜虫，快治一治吧。"种葫芦的人一脸疑惑地望着他："什么？叶子上的虫子还用治？"接着大声强调："我要的是葫芦！"）

（两组同学的精彩表演获得同学们阵阵掌声。）

七、教学启示

用故事串起阅读教学，打开寓言故事的魔袋，让我收获不一样的精彩：

（一）巧用故事，激发学习兴趣

词语教学在低年级阅读教学中占据重要的位置。教学时，我打破依次从音、形、义等方面反复认读、辨析的灌输式词语教学模式，引入"谢"字的故事，巧妙地呈现了汉字的特点，既避免识字教学的枯燥乏味，又激发学生对祖国语言文字的兴趣与热情。

（二）品读文本，提升语言表达

案例中，品读法贯穿教学始终。和学生一起品味语言文字，想象故事画面；品析文本标点，体会人物情感；品读人物形象，领悟寓言道理……由品读到复述，能促进学生对故事的理解，提升他们的语言表达能力。

（三）创编故事，实现思维发展

创编故事，不仅能够提升学生参与的积极性，还能培养他们的创造性思维。因此，我让学生创编故事，想象第二年再种葫芦的情景，讲讲这又会是一个怎样的故事。儿童是想象的天才，大胆鼓励之下，故事自然精彩。

从读故事到演故事，从讲故事到创编故事，故事串起了阅读教学的精彩。故事语文教学理念下的《我要的是葫芦》，一定程度上促进了学生语文学科素养的提升。

（供稿：毕静）

第三节 与神话相遇，与想象同行
——《女娲补天》教学案例

一、设计理念

与神话相遇，就是一次全新的认识与洞悉过程。指向语文学科素养的神话教学，把握神话故事的特点，通过教学内容及方式的开放，在与文本对话过程中追寻文明的源头，体验想象的魅力，感受古人的智慧，领悟文化的深邃，激发学生对神话故事的热爱。

二、教材分析

《女娲补天》是一个家喻户晓的神话故事，讲述天神女娲为了拯救处于水深火热中的人类而冒着生命危险炼石补天的故事。编者将这篇课文放置在以"神话、传说故事"为主题的单元中，意在让学生体会女娲为了拯救人类而不畏艰险、甘愿奉献的精神，同时了解神话想象丰富的特点，感受我国古代劳动人民的神奇想象力。

三、教学目标

1.了解主要内容，体会女娲不畏艰险、勇于奉献的精神。

2.引导学生根据课文展开想象，训练学生合理想象的能力。

3.用自己的语言复述故事，感受神话故事的神奇和古人丰富的想象力，激发学生阅读神话故事的兴趣。

四、重点难点

重点：通过品读、想象，体会女娲为了拯救人类而不畏艰险、勇于奉献的精神。

难点：在阅读中感受故事的神奇。

五、教学过程

（一）故事导入，探讨想象

1. 神话故事导入。

讲述：盘古开天劈地，头顶天脚立地，大斧一挥就将混沌的天地分开36000里；后羿射日，张弓搭箭，把那些霸道不守规矩的九个太阳给射了下来；抟土造人造累了，就用藤条蘸满泥浆，飞溅的泥浆变成了一个个大活人。提问：谁在抟土造人？知道"娲"的意思吗？说说对女娲的印象。

2. 结合《新华字典》中有关"娲"的解释，探讨：人们为什么特意为女娲造一个"娲"字？（体会女娲受人们敬重。）

3. 出示《三皇本纪》中有关天塌陷原因的描写："传说，水神共工与火神祝融交战。共工被祝融打败，用头去撞天地支柱不周山，导致天塌陷，天河之水注入人间……"想象：天塌陷之后可能会是怎样的场面？课文又是怎样描述的呢？

【设计意图】用神话故事导入，帮助学生初步感知神话想象奇特的特点，吻合神话故事教学的理念。探讨"娲"的造字来源，体会人们对女娲的敬重。出示《三皇本纪》中有关天塌陷原因的描写，想象天塌陷的场面，既培养想象能力，又顺势导入"品读故事，感受灾难可怕"环节。

（二）品读故事，感受灾难可怕

1. 学生自读课文，汇报描写天塌陷后的句子。

（天哪，太可怕了！远远的天空塌下一大块，露出一个黑黑的大窟窿。地被震裂了，出现了一道道深沟。山冈上燃烧着熊熊大火，田野里到处是洪水。许多人被火围困在山顶上，许多人在水里挣扎。）

2. 引导学生品读后提问：为什么把"黑黑的大窟窿……"读得比较重，这样处理的意图是什么？"天哪，真是太可怕了"还可以怎么表述？

3. 教师引读，学生边读边想象画面。

4. 这几句话围绕哪一个词来描述的？又先后写了哪些事物？

（先用"太可怕"进行概括，然后按照从天空到大地、山冈、田野、人类的顺序具体地描述，是一种先概括再具体的写法。）

5. 组织学生再读语句，体会天塌陷的可怕。

【设计意图】引导学生朗读关键语句，想象天塌陷后的画面，理解句式的表达效果，体会描写方法，意在让学生感受灾难的可怕。

（三）想象心情，感受天神大爱

1. 想象女娲心情。

提问：天崩地裂之后，人们生活在水深火热当中。这样的大灾大难与女娲有关系吗？看着自己曾经创造的人类，她会怎样想？

（我创造了人类，我一定要救他们；人类太悲惨了，我要想办法把天给补上。）

2. 赏析拯救事件。

浏览课文2-4自然段。为了拯救人类，女娲先后做了哪几件事情？（求神灭火、造船救人、找石补天。）

前两件事只用40个字进行介绍，而"找石补天"却用两大段，为什么这样安排？

（围绕重点来写，反映女娲补天的艰辛和对人类的关爱，启示我们读书时要学会关注重点。）

3. 研讨"找石补天"。

认真默读"找石补天"部分，找出让自己感动的地方反复读。

预设一：女娲决定冒着生命危险，把天补上。

（1）你为什么感动？

（天上的大窟窿还在喷火，随时都有可能被破坏容颜，被烧死，但女娲为了人类，全然不顾惜自己的生命。）

（2）你知道女娲当时怎么想的吗？

（就算牺牲自己，也要救出人类，也要让人类过上幸福的生活。）

小结：一个有责任心、有爱心、舍己为人、不怕危险的女娲！

预设二：她跑到山上，去寻找补天用的五彩石，她原以为这种石头很多，用不着费多大力气。到山上一看，全是一些零零星星的碎块。她忙了几天几夜，找到了红、黄、蓝、白四种颜色的石头，还缺少一种纯青石。

（1）你为什么反复读这几句话？你知道"几天几夜"具体是几天几夜吗？

（2）大家知道补天要炼多少五彩石吗？猜一猜。

教师补充：曹雪芹在《红楼梦》的第一回引用《女娲补天》的传说，女娲为了补天，找了 36501 块石头。

（3）36501 块五彩石头，本以为不费什么力气可以找到。可是摆在女娲面前的全是一些零零星星的碎块！"零零星星"是什么意思？一边是 36501 块，一边是"零零星星"，你明白了什么？

（4）一种纯青石竟然是在"一眼清清的泉水中找到"的。教师引导学生品味"眼"字的表达效果。

（5）女娲冒着生命危险，忙了几天几夜，一定去过许多地方，遇到过不少的困难，吃过不少的苦头。想一想：她可能去过哪些地方？遇到什么危险？又是怎样克服的呢？

（可能去过高山，石头划破了她的手指，刺破了她的脚板，她全然不顾，咬紧牙关，一块石头一块石头地寻找；可能去过森林，冒着被野兽咬死的危险，她也毫不畏惧……）

预设三：女娲在地上挖个圆坑，把五彩石放在里面，用神火进行冶炼。炼了五天五夜，五彩石化成了很稠的液体。

引导学生结合"冶"字的构字方式体会女娲冶炼的辛苦。

（五天五夜，女娲要不停地添加矿石，不停地搅拌，可能连饭也吃不上，连觉也没办法睡……多么辛劳！）

【设计意图】从想象女娲心情到研讨"找石补天"，一路下来，以想象为核心，或体会心情，或设想场景，在想象过程中感受了天神的大爱。

（四）欣赏细节，感受想象神奇

女娲把它装在一个大盆里，端到天边，对准那个大黑窟窿，往上一泼，只见金光四射，大窟窿立刻补好了。

1.指名读。我觉得你"一泼"读得特别好。就这么轻轻地一"泼"，黑黑的大窟窿立刻补好了。引导学生抓细节描写品味想象的神奇。

2.像这样神奇的描写，课文中还有不少。请大家找出来读一读。

（天空塌下一大块；向雨神求雨熄火；五彩石；几天几夜；用神火；五天天夜……）

3."……只见金光四射，大窟窿立刻补好了。"每每读到这，总觉得这儿不应该是个句号，你们觉得呢？如果改为省略号，天地之间还会发生哪些神奇的变化呢？

（叹号，表示神奇，表示赞扬，赞扬她不怕困难、舍己为人、有拯救苍生的责任心；逗号，故事并没有写完，后边应该还要写其他的变化。）

（五）复述续写，拓展神话认识

1.再读课文，复述故事，体会想象表达效果。

2.结合"天崩地裂"那一段，引导学生充分发挥想象，围绕"太神奇了"

续写补天后的神奇变化。

3. 出示补充资料，引导学生探究神话的起源。

资料：有位叫王若柏的研究员认为，女娲补天的神话实际上是远古时代的一次陨（yǔn）石雨灾害的记载。

从王研究员的研究中，你发现神话是怎样起源的？（神话不是真的，是古人根据自然现象想象和创造出来的。）

3. 介绍：古时候，科学技术还不发达，古人对许多自然现象都无法解释。比如说，听到打雷，就以为是（雷公发怒了）；看到太阳把大地烤焦，就以为（那10个太阳又不守规矩跑出来溜达了）。古人就是这样大胆地想象，智慧地创造，传下了一个又一个神奇的故事。

4. 神话故事很精彩，有些是表现对自然的认识，有些是反映对未来的探索，还有的是反映人们美好的愿望，我们可以去读一读。

六、精彩片断：

师：你反复读了哪个地方？

生：我反复读了"女娲决定冒着生命危险，把天补上"这一句，因为天上的大窟窿还在喷火，女娲随时都有可能被烧毁容貌，甚至被烧死。但女娲为了人类，全然不顾惜自己的生命！

师：你知道女娲当时怎么想的吗？

生：我是女娲，我创造了人类，我就要拯救他们。就算牺牲了自己，也要把人类给救出来。

生：我是天神，我要让人类过上幸福的生活！

师：好一个有责任心、有爱心、舍己为人、不怕危险的女娲！

生：我还反复读了"她跑到山上，去寻找补天用的五彩石，她原以为这种石头很多，用不着费多大力气。到山上一看，全是一些零零星星的碎块。她忙了几天几夜，找到了红、黄、蓝、白四种颜色的石头，还缺少一种纯青石。"

师：你为什么反复读这几句话？

生：女娲寻找五彩石太不容易了！

师：你知道"几天几夜"具体是几天几夜？（学生摇头）你不知道，我也不知道，反正天数不少。

师：大家知道补天要炼多少五彩石吗？猜一猜。

生：一百块！

生：一千块！

生：好几万块！

师：曹雪芹在《红楼梦》的第一回引用了《女娲补天》的传说，女娲为了补天，找了 36501 块石头！

生：（很吃惊）啊！

师：36501 块五彩石头，本以为不费什么力气可以找到。可是，摆在女娲面前的全是一些零零星星的碎块！"零零星星"是什么意思？

生：没有几颗石头，形容很少很少。

师：一边是 36501 块，一边是"零零星星"，你明白了什么？

生：太难了！

师：我们读最后一句。一种纯青石，竟然是在"一眼清清的泉水中找到"的。看到"眼"字，你想到哪些词？

生：锁眼、猫眼。

生：心眼、枪眼。

生：小心眼。

师：这些词合起来比较，发现了什么？

生："眼"指特别小的地方。要找到五彩石真是太难了！

师：要找齐五彩石真的不容易！试想一下：女娲冒着生命危险，忙了几天几夜，一定去过许多地方，遇到过不少困难，吃过不少苦头。她可能去过哪个地方？遇到什么危险？又是怎样克服的呢？

生：可能去过高山，石头划破了她的手指，刺破了她的脚板，她全然不顾，咬紧牙关，一块石头一块石头地寻找着。

生：可能去过森林，冒着被野兽咬死的危险，她也毫不畏惧……

七、教学启示：

故事语文教学是生本、传承和发展的教学。因而，整个教学指向学生学科素养的培育。

想象是神话最主要的特点。把握想象，就是与神话相遇的过程。

教学开篇紧扣"想象"，用神话故事导入，探讨"娲"的造字原因，想象天塌陷的场景，让学生初步感知神话的特点，了解女娲备受人类敬重，感受天塌陷的可怕。

一路随行，品读故事想象灾难画面，面对灾难想象女娲心情，欣赏细节想象找石炼石补天的艰难，复述整个故事体会想象的作用，续写补天后的奇妙情节发展想象能力。依据"想象"，孩子们与神话从相遇到相识、相知，既把握故事内容，又感知女娲形象，还了解神话的起源，洞悉神话故事的精彩。

与神话相遇，与想象同行，我和孩子们一起追寻文明的源头，体验想象的魅力，感受古人的智慧，领悟文化的深邃。

（供稿：倪玲）

第四节　花样讲故事，复述传经典
——《猎人海力布》教学案例

一、设计理念

《猎人海力布》虽然篇幅较长，但语言通俗易懂，故事性强。围绕海力布"舍己救乡亲"的中心事件，故事层层铺垫，寓理寓情于生动的情节之中，给人以强烈的感染和熏陶。因而，教学本文，侧重于学生对故事的复述以及对人物形象的感受，并在此基础上培养学生提炼信息的能力，练习缩写故事，以感受民间故事的精髓。

二、教材分析

《猎人海力布》是部编版五年级上册第三单元的课文。本单元以"民间故事"为主题，期待激发学生更广泛的阅读兴趣，开展整本书的阅读，体会民间故事的智慧与魅力。同时，单元教学目标也明确提出，让学生能够"了解课文内容，创造性的复述故事；提取主要信息，缩写故事"，旨在锻炼学生的口头表达能力和书面概括能力。

三、教学目标

1.熟练掌握课文内容，能创造性的复述故事。

2.通过说、演、写贯穿起来体会海力布舍己为人的高尚品质。

3.培养提取信息的能力，为缩写故事奠定基础。

四、重点难点

重点：熟练掌握课文内容，能创造性地复述故事；通过说、演、写贯穿起来体会海力布舍己为人的高尚品质。

难点：培养学生提取信息的能力，为缩写故事奠定基础。

五、教学过程

（一）回顾故事情节，理清文章脉络

1. 导入：引导学生回顾故事内容及关键事件。

救白蛇—得宝石—听鸟语—救乡亲—变石头

2. 思考：这些事件分别属于故事起因、经过、结果中的哪一部分？

起因：救白蛇，得宝石

经过：听鸟语，救乡亲

结果：为救人，变石头

【设计意图】让学生通过回顾重要事件再次熟悉故事内容，厘清文章脉络，为展开复述做准备。

（二）演故事写练笔，体会人物精神

1. 故事中哪件事最让你深受感动？原因是什么？

（救乡亲。因为海力布为了救大家而选择牺牲自己。）

2. 还原当时的场景，演绎人物的抉择。

同桌之间分角色扮演，再现海力布劝说乡亲们搬家的场景。

3. 从海力布身上发生的这些事情，你感受到他是个怎样的人？

（热心助人、舍己为人。）

4. 请你为那块叫"海力布"的石头写一小段话，简要介绍它的来历。

【设计意图】了解故事轮廓后，通过场景描写让学生在对话演练中感受人物精神品质的可贵，这是输入。而后再通过小练笔介绍"海力布"之石，将自

己心中的所感所悟借由笔尖倾诉，这是输出。同时也是在为下段的复述故事奠定情感基础。

（三）总结概括全文，复述故事内容

1.海力布的故事如此感人，值得我们把他的精神传扬出去。向他人复述故事是最好的传播方式。复述故事时我们应该注意些什么？

(提示：按事情起因、经过、结果的先后顺序来复述；可以自己组织语言复述；复述时，重点的部分可以借用书上的词句；复述故事要有感情，还可以配上相应的动作和表情。)

2.同桌之间相互复述，请学生分享故事。

【设计意图】复述是故事文本输入和输出的过程。组织复述，有助于学生读懂故事内容，认识人物形象，体会蕴含其中的道理和情感。

（四）探索不同角度，展开创新复述

1.民间故事流传很广，你想讲的故事别人可能听过了。为了让故事更有新鲜感，我们可以进行一些小创作，例如：

（1）换一种人称讲故事。例如用海力布的口吻来讲故事，会让人有身临其境的感觉，也可以尝试从白蛇等其他角色的角度来讲故事。

（2）对某些情节进行合理的"添油加醋"。例如龙王这么爽快就愿意把珍贵的宝石送给海力布吗？海力布有了宝石之后会和动物们对话吗？小白蛇得知海力布要说出真相，是否前来劝阻，或者有没有其他方法可以不让海力布变成石头……

（3）大胆想象，续编故事。例如海力布变成石头以后，还会发生什么故事？相信讲起来一定会很有意思。

（提示：学生在复述故事时，可以在适当的地方展开合理的想象，以增强故事的可读性、曲折性和奇特性，但不能肆意的胡编乱造，改变原有的主要情节和主题。）

2. 同桌相互复述，并安排学生分享。

【设计意图】对课文原汁原味的复述是一种常规性的复述，检验的是学生对课文的熟知程度。而创造性的复述则能激发学生丰富的想象，加工和重组语言文字，使故事更具个性化色彩，更有感染力，值得鼓励学生大胆去尝试。

（五）提取关键信息，缩写故事内容

1. 当你读到一个较长的好故事，需要把它分享给别人时，有时需要缩短故事内容。那怎样对故事进行缩写呢？

课件出示《猎人海力布》第1-4自然段的缩写：

从前有一个猎人，名叫海力布。他热心帮助别人，大家都非常尊敬他。有一天，海力布打猎时看见一只老鹰抓住一条小白蛇，他急忙救下了小白蛇。小白蛇告诉海力布，她是龙王的女儿。为了感谢海力布的救命之恩，小白蛇要送给海力布许多珍宝。小白蛇还告诉他，龙王嘴里含着一颗宝石，谁含着那颗宝石，就能听懂各种动物说的话。不过动物说的话只能他自己知道，如果对别人说了，他就会变成一块石头。

引导学生将其与原文对照，看看保留了什么，删减了什么，哪些句子是改写，哪些句子是概写。

2. 总结缩写的方法。

（1）保留故事的大框架，如起因、经过、结果以及基本事件。

（2）在不改变故事原意的基础上，删减或略写不重要的内容。

（3）改写或概写。如把长句子改成短句子，把几句话合并成一句话，或用自己的话把故事中具体的描写改得更简洁。

3. 布置作业：

（1）照样子缩写《猎人海力布》的其他段落，把课文缩写成一个简短的故事。缩写完成后，与原文比较，看看故事是否完整，情节是否连贯，语句是否通顺。

（2）推荐阅读《中国民间故事集》。

【设计意图】复述故事的过程中，学生已经大体掌握了提取重要信息的技巧和能力。缩写是将口头表达能力提升到书面表达能力的过程，掌握缩写的方法和技巧很重要。推荐并开展整本书的阅读，能够让学生感受民间故事的魅力。

六、精彩片断

师：海力布的故事如此感人，值得我们把他的故事传扬出去，那么在复述故事时我们应该注意什么？

生：要按事情的起因、经过、结果来讲述故事。

生：有些内容可以省略，有些内容可以参考书上的句子。

生：讲故事要有表情和动作。

师：没错，我们要按事情发展的顺序来复述故事，内容要详略得当。可以自己组织语言，重点的部分也可以借用书上的词句，讲故事还要有感情，还可以配上相应的动作和表情。下面就请你和同桌相互复述一下这个感人的故事。

（同桌之间相互交流，复述故事。）

师：哪位同学来分享一下你复述的故事？

生：从前有个热心肠的猎人，名叫海力布。他经常给大家分猎物，人们都很尊敬他。有一天他外出打猎，遇到一只老鹰抓着一条小白蛇从他头顶飞过。于是他急忙开弓射向老鹰，救下了小白蛇。不曾想小白蛇竟是龙王的女儿。为了报答恩人，她告诉海力布龙王嘴里有一颗宝石，将宝石含在嘴里就能听懂各种动物说的话，若他喜欢，可以让龙王送给他作为酬谢。海力布听了很高兴，就对龙王说："若您真想给我点东西做纪念，就请您把含在嘴里的那颗宝石送给我吧。"于是龙王就把宝石送给了海力布。临走时，小白蛇一再嘱咐海力布不可以将动物们说的话告诉别人，否则他将会变成石头，永远不能复活。海力布答应了。但有一次出去打猎时，海力布听见有一群鸟在议论，说这的大山要崩塌，大地要被洪水淹没了。大吃一惊的他急忙跑回家，劝乡亲们赶紧搬家。

但大家都很奇怪，希望海力布能说清楚理由。无奈的海力布只能决定牺牲自己，将他的经历一五一十的告诉大家。刚说完，海力布就变成了一块石头。大家非常悲痛，后悔不已。后来村里的人们都得救了，人们世世代代都纪念着他们的救命恩人海力布。据说现在还能找到那块叫"海力布"的石头呢。

……

师：从大家或无奈或惋惜或敬佩的复述中，我感受到了这个故事已经走进你们的内心，海力布舍己为人的精神品质也给我们留下了深刻的印象。其实民间故事流传很广，有时候你想讲的故事别人可能听过了。为了让故事更有新鲜感，我们可以进行一些小创作。例如：换一种人称讲故事；对某些情节进行合理的"添油加醋"；大胆想象，续编故事。但需要提醒大家的是，在创造性复述时，可以在适当的地方展开合理的想象，增加故事的可读性、曲折性和奇特性，但不能肆意的胡编乱造，改变原文的意思。接下来同桌之间相互进行创造性的故事复述，一会请同学上来分享。

（同桌之间相互交流，创造性的复述故事。）

师：谁来分享一下你的创造性复述呢？

生：从前有个叫海力布的猎人，他经常热心帮助别人，大家也很尊敬他。有一天他在山里打猎，遇到一只老鹰正在抓一条白蛇，便把白蛇救了下来。原来白蛇是龙王的女儿，为了报答海力布，她便带海力布去见龙王。龙王一看这个小伙子很英俊，又救了自己的女儿，便想把女儿许配给他。但海力布觉得自己配不上龙王的女儿，便委婉拒绝了。这时白蛇告诉海力布，龙王有一颗宝石，将宝石含在嘴里能听懂各种动物说的话。他若喜欢可以问龙王是否能送给他。海力布觉得这颗宝石很神奇，于是就问龙王能不能把这颗宝石送给他做纪念。龙王犹豫了一下便答应了。送海力布离开时，白蛇再三叮嘱他说："不管动物们说什么，你只能自己知道，若是告诉了别人，你就会变成一块石头，千万记住了。"海力布道谢后就回了家。不幸的事终于发生了。有一天海力布在山林深处听到一群鸟在议论，说今天晚上大山就要崩塌，大地将被洪水淹没。于是他急忙跑回村子，劝大家赶紧离开。可大伙拖家带口的都不愿意离开自己的村庄。海力布深思熟虑后，决定用自己的生命换取大家的平安，便将他的亲身经历都告诉了村民们。话音才落，他就变成了一块大石头。村民们又悔又恨，悲痛万分却又不得不离开他们的家乡和亲爱的海力布。夜幕降临，山崩地裂，洪水泛滥，淹没了山脚下的村庄。就在巨石要砸落"海力布"之石，洪水要将它冲走时，一条白影闪过，用自己的身躯紧紧地缠绕着"海力布"之石，保护着它。微光乍现，快天亮的时候山崩停止了，洪水渐渐退去。白影拖着疲惫的身躯松开了"海力布"之石，看到石块完好如初，它终于松了口气，慢慢地向深水处游去。此后，人们世世代代纪念海力布，据说现在还能找到那块叫"海力布"的石头呢！

七、教学启示

（一）将教学目标之根植入每一个环节

这节课自始至终围绕着让学生"了解课文内容，创造性的复述故事；提取主要信息，缩写故事"这一教学目标展开。其中每个环节的链接都是教师精心设计的结果。学生也在教师清晰的指引下一步步完成对故事文本从输入到输出的过程。

（二）由易到难层层推进完成教学目标

本堂课教学思路清晰，从引导回顾故事梗概和重要事件，到通过演绎加深对人物精神品质的领悟，再到入情入境的复述故事，最后由说拓展到写，整个过程层层递进，由易及难，既有效地完成教学目标，又全面地培养学生的语文综合素养。

（三）演、说、写多维度感受故事精髓

民间故事汇集了劳动人民的智慧，值得我们口耳传承。除了从阅读中获取感受，还可以多角度去促使学生加深领悟。例如本课结合了角色扮演、复述、

创造性的复述以及缩写等多种实践方式，让学生全面对话故事文本，深入人物内心，体会故事背后蕴含的人物大爱与乡里真情。

民间故事通俗易懂，但领悟其精髓需要教师有效地指导。基于民间故事特点而进行的复述、缩写、讲演，发展了学生的语文能力，浸润了民族精神，传承了文化精髓。

（供稿：黄于玲）

第五节　循故事之脉，品将相风采

——《将相和》教学案例

一、设计理念

《将相和》改编自司马迁的《史记．廉颇蔺相如列传》。基于历史故事的真实性和情节的生动性，我以品读和对比为教学策略，引导学生欣赏具体事例中的人物形象，模拟角色转述故事，拓展认识"和"文化，帮助学生感受历史故事的厚重，在发展思维能力的同时提升审美与创造。

二、教材分析

《将相和》选自部编版五年级上册第二单元。本文篇幅较长，情节生动，人物形象鲜明，蕴含一定的教育意义。本课的学习，旨在让学生结合具体事例感受人物性格特点，并以"一定的速度阅读"为主题进行专项阅读策略训练。

教师应放手让学生自主学习，通过故事的复述、细节的品读和人物的比较，引导学生把握课文的主要内容，理解人物形象，在感受历史文化的同时养成良好的阅读习惯。

三、教学目标

1. 在品读欣赏过程中感受蔺相如机智勇敢、不畏强权、处处以国家利益为重以及廉颇勇于改过的形象。

2. 通过人物对比探究、故事转述、场景补白等方式，激活学生的思维，发展想象和表达能力。

3. 学习塑造人物的方法，引导学生关注人物的语言、动作描写，感受对比烘托的表达效果。

四、重点难点

结合具体事例感受人物形象，学习塑造人物的方法。

五、教学过程

（一）评价语言，感受"将"之不满

1.品读廉颇语言，回顾故事情节。

课件出示：廉颇很不服气，他对别人说："我廉颇立下了那么多战功，他蔺相如就靠一张嘴，反而爬到我头上去了。要是我碰见他，一定要让他下不来台！"

引导学生回顾故事情节，交流：廉颇为何有如此言论？

（学生快速默读课文，找出原因：完璧归赵后蔺相如被封为上大夫，渑池之会后蔺相如被封为上卿，职位比廉颇高。）

2.补充资料，了解背景。

课件出示：廉颇者，赵之良将也。赵惠文王十六年，廉颇为赵将，伐齐，大破之，取阳晋，拜为上卿，以勇气闻于诸侯。蔺相如者，赵人也，为赵宦者令缪贤舍人。

小结：廉颇战功赫赫，是战国四大名将之一，而蔺相如只是区区一个门客。

3.课堂交流，激活思维。

对照补充资料，你同意廉颇的说法吗？蔺相如到底凭借什么位列上卿之位，职位比廉颇将军还高呢？

【设计意图】打破教学常态，直接从廉颇不满的语言入手，引导学生评价欣赏，并借助辅助资料，引导学生直扑将、相的矛盾所在，激发学生的学习兴趣和探究意识。

（二）对比研读，体会"相"之智勇

1.初次研读，感受其智。

（1）指名读前三段，了解故事的起因。

（2）研读故事，比较探讨。

交流一：收到秦王的信后，赵王和其他大臣有何表现？

（赵王："非常着急，立即召集大臣来商议"；群臣：知道秦王不怀好意，但"又怕他派兵来进攻"。）

交流二：这时宦者令缪贤推荐自己的门客蔺相如，蔺相如的表现如何？品读有关蔺相如的语言描写，关注关联词，感受他的机智、果断。

（我愿意……；如果……就……；如果……我一定……）

交流三：对比赵王、其他大臣和蔺相如的表现，你有什么看法？

2.再次研读，感受其勇。

对比"完璧归赵"中最主要的两个人物秦王和蔺相如，评价他们的性格特点。

（秦王：仗势欺人，理屈词穷，未能得到和氏璧；蔺相如：理直气壮，不惧强权，履行了自己的诺言。）

3.写法质疑，对比思辨。

写作时我们得讲究详略得当。作者用了比较多的笔墨来刻画秦王，你觉得这样合理吗？引导学生质疑辩论。

（对比手法，衬托蔺相如的勇敢机智。）

【设计意图】通过对比、品读，激发学生自主探究，自主赏析，感受不同人物的不同性格特点。

（三）转述故事，再现精彩情节

1.转述故事，感受精彩。

提问：几年后，秦王约赵王在渑池会面。渑池之会虽然着墨不多，但同样精彩。可惜廉颇在边境准备抵御秦军，不在现场，如果你是赵王、赵王侍从或者赵国大臣，你会怎样和廉颇说起这一段经历呢？

（学生分别模拟赵王、赵王侍从、赵国大臣的口吻转述渑池之会的经过，培养学生理解故事、转述故事的能力。）

2. 对比结果，厘清关系。

对比完璧归赵和渑池会面之后蔺相如地位变化的语句，学生朗读，厘清两个故事之间的联系。

（蔺相如立了功，赵王封他做上大夫。蔺相如在渑池会上又立了功。赵王封蔺相如为上卿，职位比廉颇还高。）

小结：上一个故事的结果是下一个的故事的起因，联系紧密。

【设计意图】相对上一个故事，"渑池之会"着墨较少，但精彩丝毫不减一分。教师设置情境，组织学生模拟角色转述故事，既提高学生对故事内容的把握，又训练了语言表达能力和创新能力。

（四）再品语言，感受"相"之大度

1. 再品廉颇语言，评价人物表现。

课件出示：廉颇很不服气，他对别人说："我廉颇立下了那么多战功，他蔺相如就靠一张嘴，反而爬到我头上去了。要是我碰见他，一定要让他下不来台！"

组织学生反复朗读，交流：你觉得廉颇说得对不对？如果此刻你在他旁边，怎样劝说他？

2. 添加提示语，感受人物性格。

补充：蔺相如（　　　　）地说："诸位请想一想，廉将军和秦王比，谁厉害？"

（不急不缓：体现人物的从容大度；语重心长：体现人物的为国担忧。）

3. 利用插图补白对话，感受人物品质。

课件出示"负荆请罪"的插图，引导学生仔细观察廉颇和蔺相如的动作、神态，想象人物的对话。

补充：于是，他脱下战袍，背上绑着荆条，到蔺相如门上请罪。蔺相如见廉颇来请罪，连忙出来迎接。只见廉颇＿＿＿＿＿＿＿＿＿＿。

小结：廉颇知错就改，忠心爱国。

【设计意图】通过补充提示语、补白场面描写，学生学习和运用用语言描写塑造人物形象的方法，教学指向语言文字的表达和运用。

（五）对比阅读，了解"和"之可贵

1. 回顾课文，选择性地复述故事情节。

2. 快速默读历史资料，感受"不和"的危害。

公元前266年，赵惠文王去世，太子赵孝成王即位。赵孝成王七年，"秦与赵兵相距长平，时赵奢已死，而蔺相如病笃"。赵孝成王派廉颇率兵攻打秦军，为挫败秦军速胜之计，赵军坚守营垒不出战。秦军屡次挑战，廉颇置之不理。然后秦王使用反间计，而赵王听信秦军间谍散布的谣言，启用"纸上谈兵"的赵括为将军，取代了廉颇。蔺相如曾苦苦相劝，但赵王不听，还是命赵括为将。后来，赵括果然惨败，四十万赵军被坑杀，赵国几近灭亡，全靠楚、魏两国军队来救助，才得以解除邯郸的包围。再后来赵孝成王去世，其子赵悼襄王继位。赵悼襄王一继位就解除了廉颇的军职。廉颇抑郁不乐，最终死在楚国，廉颇死后不久，赵国便被秦国灭亡。

引导学生将上述材料与课文对比阅读，感受"人和"乃国之兴盛，"不和"乃国之悲哀。

3. 对比上述材料，认识"和"的意义，感知将、相的人格魅力。

（六）探究性学习，走近《史记》

引导学生课外阅读《廉颇蔺相如列传》，探讨司马公为廉颇、蔺相如列传的原因，感受《史记》写人记事的表现手法。

【设计意图】通过历史资料的补充，在对比阅读中促进学生对"和"的认识与理解。组织课外探究性学习，激发学生读《史记》的欲望，学习活动由课内走向课外。

六、精彩片断

师：几年后，秦王约赵王在渑池会面。渑池之会虽然着墨不多，但同样精彩。可惜廉颇在边境准备抵御秦军，不在现场，如果你是赵王、赵王侍从、随行大臣，你会怎样和廉颇说起这一段经历呢？

生：我想通过赵王来讲述渑池之会的经过。

师：好的，请讲。

生：廉将军呀，前日渑池之会可谓惊心动魄啊。秦王太无礼，竟然叫寡人当着那么多人的面为他鼓瑟。寡人实在惧怕，没有办法推辞，只得为他鼓了一段。谁知秦王欺人太甚，还叫人把寡人鼓瑟的事情给记录下来，真是存心羞辱寡人羞辱赵国啊！看到寡人被侮辱，蔺相如挺身上前，要求秦王为寡人击缶助兴。秦王怎么可能会答应呢！蔺相如一次次地请求，都被秦王恼怒地拒绝了。谁知蔺相如毫不畏惧，他一步步地逼近秦王，怒目圆睁，大声地告诉秦王，两人相隔只有五步的距离，如果秦王不答应，蔺相如就跟他同归于尽。秦王一看形势不对，只得放下架子，为寡人敲了一次缶。当然，蔺相如也叫人把这件事给记录了下来。秦王气急败坏，想到你在边境驻扎有大军，他也没有什么办法。这件事虽然过去了，想想都后怕。蔺相如是赵国之幸啊！

师：说得真好。不仅讲出了当时形势的紧张，而且表现了蔺相如的不畏强权。谁又来模拟一下赵王侍从的角色呢？

（学生依次模拟赵王侍从、随行大臣角色转述故事，甚至还有学生主动以秦王的身份复述故事，再现渑池会面的精彩，体现了蔺相如的大智大勇。）

七、教学启示

本文属于历史故事，充满丰富的人文色彩。基于历史故事的真实性和情节的生动性，我以品读和对比为主要教学策略，引导学生欣赏具体事例中的人物形象，模拟角色转述，拓展认识"和"文化，帮助学生感受历史故事的厚重，在发展思维能力的同时提升审美与创造能力。

（一）以品读感知人物形象

课文讲述了完璧归赵、渑池之会、负荆请罪三个前后关联的故事，塑造了蔺相如和廉颇两个个性鲜明的人物。怎样深入地感知人物形象？品读是有效的途径。品读廉颇的语言，感知其内心根本就不服，为矛盾冲突做了铺垫；品味蔺相如出场时的从容以及面对秦王时的镇定，可见其大智大勇，不畏强权，心里装着的是国家利益，为将、相和好埋下伏笔。品读过程，就是引领学生走进人物内心、感知其个性特点的过程。

（二）以对比感受表达艺术

故事中，廉颇和蔺相如本身就是一组对比。除此之外，我还在完璧归赵环节中安排了两次比较。第一次是引导学生对比赵王、大臣和蔺相如在得知秦王要求以城换和氏璧的消息后的表现，突出君王及臣子的束手无策，衬托蔺相如的胸有成竹。第二次是引导学生比较蔺相如和秦王着墨多少的问题，意在用秦王的仗势欺人烘托蔺相如的不畏强权、机智果敢。两次对比目的都为感受司马迁烘托和刻画人物形象的表达艺术。

（三）以转述激活思维表达

语言文字的学习应该是由浅入深的，语言文字的运用是动态生成的。教学"渑池之会"环节，我一改常态，组织学生模拟赵王、赵王侍从以及随行大臣的角色向廉颇转述故事，极大地调动了学生的积极性。不仅顺利地以三种角色复述了故事，还让学生创造性地站在秦王的角度再现了故事的精彩。可见，转述激活了学生的思维，激起了学生的表达欲望。

循着故事的线索，在品味、比较、转述、补白中欣赏和再现历史人物形象，能够帮助学生初步地感知历史故事的厚重。我想，如果以历史故事为载体，组织学生开展专题性研究性学习，或许又会是另外一种精彩。我期待着。

（供稿：罗敏红）

第六节　发现小古文，悟教学之道
——《守株待兔》教学案例

一、设计理念

文言文是我国优秀传统文化的瑰宝，其文字简约，蕴含着丰富的哲理。教学本课，我以"发现"作为主线，引导学生读懂文本内容，在读故事、讲故事的过程中发现故事蕴含的寓意；发挥教师主导作用，引导学生发现寓言故事中隐藏的"劝"文化；补充相关资料、发现小古文创编的妙趣，组织学生创编故事。发现蕴含的寓意，发现隐藏的文化，发现创编的妙趣，从中悟得小古文故事教学的门道。

二、教材分析

本文被编入部编版三年级下册第二单元，节选自《韩非子·五蠹》。单元导语充分体现课标要求，指明要读好寓言故事，明白其中的道理，并尝试把图画的意思写清楚。该文有两大特点：第一，它是一则小古文，篇幅短小、浅显易懂、富有古文韵味。通过学习，学生将再次习得小古文的特点，并了解相关的传统文化。第二，它还是一则寓言故事，通过学习，学生能发表自己的阅读见解，并尝试创编故事。

三、教学目标

1. 深刻了解小古文蕴含的大道理，鼓励多元解读。

2. 初步感受寓言故事中隐藏的"劝"的学问。

3. 初步认识小古文创编的几种方式，并尝试现场创编。

四、重点难点

重点：了解小古文创编的几种形式，尝试现场创编。

难点：初步感知寓言故事中"劝"的文化，了解传统文化与众不同的魅力。

五、教学过程

（一）多形式诵读，发现蕴含道理

1.背诵三年级上学期的小古文《破瓮救友》，温故知新，顺利导入新课。

2.自由读文，要求读准字音，读好停顿。教师要尊重学生的阅读体验，并在巡堂过程中帮助部分同学解决生字词障碍。

3.结合注释，重点关注"因、走、耒"等与现代白话文意思不同的或当今不常见、不常用的生字，并相机指导"因释其耒而守株，冀复得兔"语句的朗读。

4.再次诵读。通过同桌互读、学生自读等方式，力求在反复诵读的基础上把文本读得滚瓜烂熟甚至当堂背诵。

5.师生互助——教师说现代文句，学生猜出与之对应的文言语句。在轻松对话的过程中习得讲故事的语言和动作，为具体了解故事内容和接下来的"现场说故事"环节预热。

6.当堂演绎故事，并谈体会。

（预设：不要妄想不劳而获，天上不可能掉下馅饼；不能心存侥幸，不能将偶然现象当成必然之事；一分耕耘一分收获，努力才能创造幸福生活……）

【设计意图】文言文当以诵读为先。只有以充分、多样的朗诵做铺垫，才能加深学生对文本的认识，激发学习兴趣。为此，我根据文本特点，结合学生实际，采用"读""悟"并重的方法，帮助学生领悟寓言故事的寓意所在。

（二）深入研读文本，发现隐藏文化

1.出示《韩非子·五蠹》中的《守株待兔》完整原文，探讨用故事劝说的妙处。

（1）寓言故事，蕴含着丰富的寓意。这是本节课的第一个发现。第二个发

现又是什么呢？请看大屏幕（出示《守株待兔》完整文本）：

　　宋人有耕田者。田中有株，兔走触株，折颈而死。因释其耒而守株，冀复得兔。兔不可复得，而身为宋国笑。<u>今欲以先王之政，治当世之民，皆守株之类也。</u>

　　（2）教师指导学生理解画线句子的意思。

　　（而今居然想用过去的治国方略来治理当今的百姓，这都是在犯守株待兔一样的错误呀。）

　　（3）联系上下文，教师出示《韩非子》一书的创作背景及韩非子的政治理想抱负，结合朗读背诵，使学生明白韩非子写《守株待兔》的目的。

　　（用故事这种喜闻乐见并极易被他人接受的方式阐述自己的观点，劝说君王要开拓进取，不要用过去的治国方略来治理当今的百姓。）

　　2. 补充故事《螳螂捕蝉黄雀在后》，深入体会用故事劝说的妙处。

　　3. 小结：故事中蕴含着深刻的道理，故事中隐藏着"劝"的文化。古人运用大量浅显的故事来说明抽象的道理，于我们而言，是一笔宝贵的精神财富。

　　【设计意图】《韩非子》书中记载大量脍炙人口的故事。最著名的有"自相矛盾""守株待兔""讳疾忌医""滥竽充数"等。这些生动的故事，蕴含着深隽的道理，给人们以智慧的启迪。从"用故事劝说"这一教学点出发，让学生初步了解用故事劝说的妙处和与劝说有关的文化，不仅寓教于乐，更寓教于生活。

（三）师生互动交流，习得创编方法

　　1. 发放资料，了解小古文创编的几种方式。

　　教师发放对比材料《猫捕鱼》《猫斗》和《龟兔竞走》的原文和创编文章，引导学生了解小古文创编的常见方式。

　　2. 以《守株待兔》为例，教师指导学生现场创编。

　　【设计意图】小古文创编架起了古今文化比照的桥梁，打通了学古文写作文的读写通道，为三年级学生起步作文找到一个合适的切入路径，使学生写作

有迹可循，有本可依，有话可写。

六、精彩片段

师：紧接上面的故事情节，我们知道这个农民成为宋国人的笑柄。那么"今欲以……之类也"的意思是而今居然想用过去的治国方略来治理当今的百姓，这都是在犯守株待兔一样的错误啊。猜猜这个故事和这些话其实是想写给谁看呢？

生：（异口同声）君王！

师：韩非子借《守株待兔》这个故事劝告君王什么呢？

生：不要用过去的治国方略来治理当今的百姓，要学会创新。

生：不能做那个只会守着树桩的农民，整天想着"兔子"能自己撞上来的事情并不是天天都会发生的。

师：说得都很有道理。那么，用故事劝说和直接劝说，哪种方式更容易让君王接受呢？

生：用故事劝说会好一点。例如我读完《守株待兔》的故事，就很有体会，相信君王也是如此。

生：用故事劝说会好一点，因为故事本身很有意思，比较能够吸引人。

生：直接劝说君王，君王可能不愿意听，甚至会动怒。

师：（点点头）再与你们分享一个与"劝说"有关的故事。这个故事同样发生在春秋战国时期，一心想扩张领土的吴王想攻打楚国，可他却忽视了背后的越国正对他虎视眈眈。众大臣怎么劝说都无用，吴王甚至说出"谁劝说杀无赦"的话，最终吴王有没有出兵呢？又是谁对他进行了劝说呢？请阅读《螳螂捕蝉黄雀在后》。

（生阅读故事）

师：真是高超的劝告技巧啊。我们一起来夸夸这位青年吧。

生：这位青年真有智慧，他给吴王讲了个《螳螂捕蝉黄雀在后》的故事，吴王被打动了，就退兵了。

生：别的大臣怎么说都改变不了吴王攻打楚国的决心，还是这个青年以讲故事的方式劝住了吴王。

师：古人是很有智慧的，他们会根据对方的身份、地位、性格特点，借助故事的形式进行委婉、巧妙地劝告。这就是故事中隐藏的"劝"的艺术。

七、教学启示

小古文作为儿童成长过程中不可或缺的精神食粮，它篇幅短小，浅显易懂，多是贴近儿童生活且趣味性较强的独立故事，因而适合独立阅读和欣赏。教学本课，我摒弃繁琐的分析，围绕"发现蕴含的寓意、发现隐藏的文化、发现创编的妙趣"等三大"发现"展开教学，初步悟得小古文故事教学的门道。

多种形式的朗读，"读""悟"并重，不仅加深学生对文本的认识，还领悟了故事的寓意所在。结合《韩非子·五蠹》中《守株待兔》原文与课文对比阅读，并拓展《螳螂捕蝉黄雀在后》，深入探讨故事劝说的妙处，感悟"劝"文化的魅力。借用学生创编作文样式，对比呈现同一故事的不同作品，打通学古文写作文的读写通道，为三年级学生起步作文寻得一个合适的切入路径，激发了写作兴趣。

一则小古文，一份令人深省的寓意；一个故事，一种含蓄委婉的劝说文化；一次创编，一段读写结合的难忘经历。发现小古文，我走在通向故事语文教学之门的探索路上。

附：对比阅读材料

材料一：

猫捕鱼

缸中有金鱼，一猫伏缸上，欲捕食之，失足坠[zhuì]水中，急跃起，全身皆湿。

《猫捕鱼》扩编

主人家的鱼缸多了一条金鱼，主人叫它"金金"。金金可真漂亮呀，金闪闪的鳞片，圆鼓鼓的肚子，激动的时候尾巴摆来摆去的。

老猫一下子就瞄上了金金，太阳不晒了，蝴蝶也不追了，整天围着金金转。

终于有一天，主人不在家，老猫一个纵身跳到了鱼缸旁边的桌子上，可是绕了几圈也不知道怎么下手。老猫跑到左边，金金就游到右边；老猫又赶紧追到右边，金金又慢悠悠地游到右边。老猫只好趴到鱼缸上用爪子捞，但是每次都差了那么一点。老猫都快急死了，抓耳挠腮的，恨不得把胡子揪下几根来。

主人可是快要回来了呀，下次机会也不知道要到什么时候了。

老猫一咬牙，猛地向前一冲，"扑通！"随着一阵水花，老猫脚底一滑掉进了鱼缸。金金从嘴里吐出一串泡泡，仿佛是在哈哈大笑。幸好鱼缸不算特别大，老猫挣扎了半天，终于爬了上来。

不一会儿，主人回来了。看到老猫在窗台上晒太阳，金金也在鱼缸里开心地游来游去，奇怪的是，老猫身下怎么有一滩水……

三（3）班　程烨华

材料二：

猫斗

黄白二猫，斗于屋上，呼呼而鸣，耸 [sǒng] 毛竖尾，四目对射，两不相下。久之，白猫稍退缩，黄猫奋起逐 [zhú] 之，白猫走入室，不敢复出。

《猫斗》续编

白猫进屋后，只敢在屋里轻轻来回走动，不敢跑，更不敢叫，怕把黄猫引进来。它心想："我今晚睡哪呢？明天要不要跟黄猫决斗呢？"思来想去，白猫赶紧找了一个大箱子躲起来了。黄猫却还在门外得意洋洋地说："呀！你可真胆小，简直是个胆小鬼！哈哈哈……"

第二天早晨，白猫终于鼓起勇气跑到屋顶，对正在津津有味吃早餐的黄猫叫道："我要和你决斗！"黄猫瞟了一眼白猫，以为白猫还像昨天一样不堪一击，继续吃着美味可口的早餐，根本没把白猫放在眼里。

谁知白猫纵身一跃，从屋顶上把黄猫推了下去。黄猫差一点就摔到地上，还好它敏捷地抓住了电线，慢慢地滑到了地上。黄猫怒目圆睁，非常生气，突然以闪电般的速度跃上屋顶。当它看到白猫正在津津有味地吃着自己的早餐，它更加生气了。

"喵……"黄猫猛扑上去，白猫快速地躲开这一击。一个猛追，一个拼命跑。不一会儿，黄猫已精疲力尽。白猫猛一转身，把黄猫压倒在地上，一口咬住了黄猫的耳朵。黄猫一下子败下阵来，最终落荒而逃。

三（3）班　胡俊

材料三：

龟兔竞走

龟与兔竞走。兔行速，中道而眠。龟行迟，努力不息。及兔醒，则龟已先至矣。

《龟兔竞走》改编

森林要举办一场运动会，其中有一项是赛跑。与以往不同的是，这次是双人组合赛，而且是抽签自由组合，哪一队能最先到达终点并夺得标旗，哪一队就是赛跑冠军。

参加比赛的小动物很多，其中包括小兔子、小乌龟、小松鼠、小猴子、小蜗牛等。到了抽签环节，小乌龟和小兔子莫名其妙地分到了一个组，这让小兔子一时很难接受。

比赛当天，小兔子看着小乌龟慢吞吞的背影，怒气冲冲地对它说："你跟我一个队简直就是拖我后腿！你那么慢，还是去跟蜗牛一个队吧！"兔子说完便转身走向赛场。乌龟默默地听着兔子的数落，心里很不是滋味，只有跟在兔子身后慢慢爬着。

哨声一响，所有小动物都卯足了劲向前冲，兔子凭借自己先天的优势，一直跑在最前面，眼看着就要到达终点了，却被一条河流挡住了去路，原来昨晚狂风暴雨，河里的水迅速上涨，淹没了小桥。水流很急，小兔子急得团团转，却想不出什么好的方法，其他动物也都陆陆续续到达了，大家都在为怎么过河而苦恼。

正在这时，小乌龟也到了河边，它对小兔子说："你赶紧跳到我背上来，我驮你过河！"小兔子愣在那里，一时间不知道说什么好，它没想到，小乌龟在关键时刻不计前嫌，还能起到了很大作用。"你发什么呆啊，快上来！""哦，好的，来了。"小兔子一跃而起，跳到小乌龟背上。它们顺利地过了河，拿到了胜利的旗帜。

　　赛后，森林里的小动物都羡慕小兔子找了一个好搭档，小兔子也明白了一个道理：任何人都不可能是完美无缺的，只有取长补短，互帮互助，才能让自己变得更加强大。

三（3）班　张诗音

（供稿：姜玮）

第七章 故事语文教学成长故事

既然选择了远方，便只顾风雨兼程。

小故事，大乾坤。故事语文教学路上，我们且行且探索。

第一节　乐享成长，率先启航

刚开学。走廊上，工作室主持人迎面走来，神采奕奕的。

"毕同志，这个学期将会安排几次研讨课，你觉得怎样安排比较合适……"姚老师面带微笑，征求我意见。

"我，我第一个上！"还没等老师把话说完，我就迫不及待。研讨课，多好的磨砺机会，我真希望通过课例来提升自己。

"想好啦？"老师看我答应得这么爽快，强调了一句，"答应容易，实践起来难哦。不反悔？"

"谢谢您给我机会！"我为自己争得这个宝贵机会而欣喜。

回到办公室，我赶忙拿出部编版二年级上册的教材，挑来选去，选择了第14课《我要的是葫芦》。这是一则生动有趣的寓言故事。想到小孩子喜欢故事是天性，讲故事又是自己最拿手的，整个人都充满了信心：这一节课，肯定会精彩！

勤奋是我的天赋。接下来的时间，我开始精心地备课。分析故事的起因、经过、结果，品味人物语言的言外之意，研读夸张的表现手法，包括拓展阅读材料的选择，我都做了充分地准备。两周的时间，教案改了一遍又一遍，课件做了一版又一版，信心越来越足。

第一次试教，我信心满满。当然，学生也很快被教材中的故事吸引了，个个兴趣盎然。他们愉快地读着小故事，感受着寓言的奇妙，我也享受着他们那份欢愉的幸福。该来的总会要来的。当我带领孩子们读词语读句子，一遍一遍地反复朗读，引导他们讲述故事起因、经过、结果的时候，问题出现了：或许是故事篇幅短小，学生读两三遍就能把故事复述出来，之后的分析和讲述，怎么也提不起他们的兴趣，不少学生的眼神已经开始游离。哪怕我使尽浑身解数，仍然无济于事。最终的结局可想而知，一边是学生身在曹营心在汉，一边是我独角扛大旗。第一次试教，我的心像是被泼了一盆冷水。

试教后的挫败感，让我惝恍迷离，不知所措。

"我，我第一个上！"走廊上争取机会的那一幕不时在脑海中浮现。上课就是磨砺，失败了算什么！想到这，我走进了老师的办公室，倾诉一直不得解的困惑："自认为准备得已经很认真很充分了，试教也很投入，为什么学生突然就不买账呢？"

"毕同志，别难过！你的努力和认真大家都是有目共睹的。今天你能够发现问题，是件好事啊！"老师看了看我，语重心长地说："问题，往往是成长的铺路石。遇到了，想办法解决它，你就真正地成长了。学生不买你的账，肯定是设计出了问题。"

"问题是……我根本不知道是哪儿出了问题。"我递上教学设计。

"写得很认真，并不一定代表教学设计是可行的。"老师浏览了一下设计，继续点拨我，"一个好的设计，并不用将每句话都写出来，学生都有自己的思想，每个个体也不一样，他们可不会一味地被你牵着鼻子走。还有，设计虽然只是预设，但也不能只考虑教师的教，学生的学才是设计的重点……"

听着老师的教导，我想起了故事语文教学，那是课程改革背景下语文教学创新的具体化行为和有效探索，是一个思绪飞扬、师生都绽放活力的生命场，没有禁锢，没有枯燥……

落日的余晖斜照在老师的办公室，洒落在我们的身上。透过斑驳的光影，我突然茅塞顿开。是夜，我在备课本上重复地写下了几个小字：

故事语文教学！

第二次试教，我践行故事语文教学理念，以故事贯穿教学始终。学生初读课文、了解故事内容之后，我引入与"谢"字相关的小故事开展词语教学：

　　明朝有位大官叫解缙，他才思敏捷，很有学问，每天都陪着皇帝一起读书。转眼间几年过去，解缙十分想念亲人，便向皇帝请求："皇上啊！我好久没回家看望亲人了，请让我回家看看吧！"皇帝舍不得放他走，就故意为难他说："这样吧，我给你出个上联，如果你能对出下联，我就准你回家！"这上联是"十口心思，思妻思子思父母。"没想到聪明的解缙才走了两步，就答道："言身寸谢，谢天谢地谢君王。"

　　当识字教学过程不再是简单重复的读、枯燥的讲，而是有意识地穿插一些有趣的汉字故事，教学不仅一下子变得富有情趣，而且洋溢着浓厚的文化味道。学生的兴趣被激发，思维被激活，主动积累、自信表达、自由想象、自主创编都不再是神话。看着孩子们听故事时放光的眼神，读故事时专注的神态，讲故事时自信的表达，演故事时忘我的投入，我和他们都沉浸在故事语文教学的幸福之中。

　　又是一个落日余晖斜洒校园的傍晚，我带着满心的兴奋和喜悦，再一次踏进了老师的办公室。

　　"毕同志，看你春风满面的，有什么喜事？"

　　我赶忙掏出手机："我要送您一件礼物！"

　　老师一脸疑惑。手机打开了，是一段录制的视频：一个孩子站在讲台上，绘声绘色地讲着故事。台下，娃娃们一个个坐得笔直，脸上满是幸福的笑容。

　　"这是你班的孩子？"

　　"是的，怎么样？故事讲得还好吧！"我自豪地回答。

　　"你班孩子进步真大！我为他们自信、流畅的表达点赞！"老师一边说，一边竖起大拇指。

　　"老师，您别光夸学生，也夸夸您的徒弟我吧！您看，在您的指点下，我的教学案例《我要的是葫芦》获得了咱们宝安区'六好'课程一等奖呢！"

　　"是吗？恭喜你呀！"老师紧紧地握着我的手说，眸子里满是憧憬，"脚踏实地，再接再厉，形成自己的教学风格！"

在老师的鞭策与指导下，我特别注重学生语感的培养，和孩子们一起读故事，品读词语的温度，品读标点的情感，品读人物的形象，逐渐摸索并形成了具有自身特点的故事语文教学品读法。

随后，我继续探索，引入故事优化教学过程，评价故事体会表达效果，编写故事绽放孩童个性……我和孩子们在故事世界里神游，在故事天地里汲取，在故事语文中一天天地同步长大。

花儿在灿烂地微笑，鸟儿在快乐地欢叫。当孩子们的学习热情一天天地高涨，语文素养一天天地提升，我的心啊，真像是吃了蜜一样甜。当然，我也和孩子们一起成长，录像课例《彩色的梦》获得宝安区教学大赛一等奖，全区"硕师论坛"活动上现场展示《羿射九日》，受到专家们的高度称赞。

故事语文教学实践的路还很长。为了成长，我，永远第一个上！

（供稿：毕静）

第二节　风雨兼程，心向远方

　　一串故事，拨动多彩情思。一颗素心，耕耘美丽语文。一段历程，见证成长风雨。在故事语文教学的大路上，我抬头见过星光，低头听过欢笑，转角有过踟蹰。但作为故事人，我的心永远向着远方。

（一）

　　2018 年 7 月里的一个普通的日子。

　　我第一次走进深圳市名师工作室主持人姚老师的办公室。这间办公室宽敞、雪亮，除了办公桌、书柜、沙发和茶几，没有任何多余的物件和摆设。

　　"姚老师，下午好！"

　　"来，进来坐吧！"姚老师连忙起身，亲切地招呼。

　　"姚老师，我想申请加入您的名师工作室！"我的眼里闪着光，这个想法在我脑海中萦绕了很久。姚老师并没有诧异，而是和蔼地和我交谈起来。聊了会儿教学故事，分享了教学心得，时间一点点地过去，我却浑然不觉。

　　"我最近在申报课题，你愿意加入吗？"

　　"我愿意！"我顿时浑身充满斗志，"不过，我从来没有做过课题呢。"头脑一热后我马上冷静下来。

　　"不用担心，实践出真知。"姚老师温和地笑了笑。

　　就这样，我加入了姚老师的名师工作室，加入了"故事语文教学"课题研究组。临走时，姚老师送了我一本书——《走进语文教学之门》，并殷切地叮嘱我："第五章和附录值得认真研读。"

　　我抱着这本厚实的书，在回去的路上，喜悦之情充盈心间。回到办公室，我在书的扉页写下这么一句话：

"路是自己一步一步走出来的，一旦开始，就要坚持！"

（二）

7月，深圳市"'故事语文教学'研究与实践"课题开题报告在黄田小学隆重举行。我有幸遇见了罗代国、郑冬梅等特级教师，深深地折服于他们的研究精神和治学态度。

而那段时间，我正在以成语故事教学为切入点，模仿其他教师扎实地践行"读故事—讲故事—编故事"的教学模式，鼓励学生广泛地阅读，绘声绘色地讲述。

一味地模仿是需要付出代价的。一段时间下来，我发现高段的学生并不热衷于讲故事。而且，他们阅读速度快，记忆能力强，轻而易举就能将故事完整地复述下来。可惜的是，其间并没有多少创造性，语文素养也没有得到实质性的提升。

怎么办？研究是解决问题的重要途径。我重温故事语文教学的理念，反思这段时间的做法，重新梳理了实施计划，决定从学生的实际出发，寻找最适合本班学生的教学方法。

一天，在批改学生小练笔时，我突然发现作业效果出奇的好。学生不仅想象丰富，而且观点也很有新意，思维水平和表达能力都让我为之一振。何不以课文为依托，激发学生的写作兴趣，让学生写出新颖独特的文章，达到以写促学的目的呢？

纸上得来终觉浅，绝知此事要躬行。我马上着手研读教材，根据课文的特点拟定出改编故事、续编故事、补白故事、创编故事等四种实施方法，并反复推敲，确定了实施研究与探索的教材文本。

《采薇》一课的教学让我获得了信心。学生品读"昔我往矣，杨柳依依。

今我来思，雨雪霏霏"，不仅体会了以乐景写哀情、以哀景写乐情的表现手法，感受了诗歌的意境，还联系"行道迟迟，载渴载饥。我心伤悲，莫知我哀"等言浅情深的语句展开想象，再现了一个又一个感人的故事。为达到改编的效果，我还补充《回乡偶书》《十五从军征》，引导学生想象诗人回乡的情景，了解男儿从军的故事，体会诗人和将士思归的情感以及战争的残酷。于是，将《采薇》第六章"昔我往矣，杨柳依依。今我来思，雨雪霏霏。行道迟迟，载渴载饥。我心伤悲，莫知我哀"改编成一个情节合理的故事，就是顺水推舟的事情了。果然，改编故事与平常的作文表现方式大为不同：有的同学展开想象，将三十二个字的诗拓展成一个情节完整的征人故事；有的同学采用蒙太奇手法，将过去出征和今天回乡的场景进行对比；还有的将《回乡偶书》《十五从军征》的情节巧妙地融入，细节刻画感人至深……

儿童天生有表达的欲望。如何在平淡的学习中点燃他们的热情，我觉得我可能找到了一条比较合适他们成长的路，那就是故事语文教学特色写作之旅。于是，学习丰子恺的《手指》，意犹未尽的学生仿照相声《五官争功》创编《五指争功》的故事；学习《老人与海鸥》，好奇于"我们好不容易才从这片飞动的白色旋涡中脱出身来"后边单独成段的省略号，完成了故事的补白；读完椋鸠十的《金色的脚印》，念念不忘狐狸的一家，学生开展了故事的续编。以至于毕业前夕，学生还创作了想象奇特的《试卷历险记》……

是的，实践出真知。老师就应该是一位锁匠，在反复尝试当中打造一把最合适引领学生走进语文学习之门的钥匙。我期待，能够带领学生穿过一道道大门，去领略语文世界的精彩和美丽。

（三）

随着课题组研究的不断深入，大家开始了比较系统的课型研究。十二月，王琼老师执教《雪孩子》，毕静老师执教《我要的是葫芦》，初步展示了"品读型"

课例的魅力。之后，"评价型""创编型""联系型""比较型"先后呈现，故事语文教学的内涵越发的丰富。

可是，到我自己呈现的时候却不幸"难产"了。

2019年4月，我将和另一位老师就《将相和》同课异构。我信心满满，研读教材，搜集资料，设计环节，编写教案，一节比较型课例眼看着就要出炉了。当我把精心设计的教案拿给姚老师过目时，他只问了一个问题："你的设计理念和意图是什么？"

"这个……就是……"我支支吾吾，脑中一片混沌。回去的路上，耳边总是萦绕着老师对我的谆谆教诲："先不要着急细化教学设计，明确自己的设计理念和意图是前提……"

《将相和》这篇课文我并不陌生，好些老师也都上过公开课。但问题是，自己在备课的时候怎么也走不出条条框框的限制，思维一直固化在填鸭式的训练与僵化的教学流程之中。历史故事的切入点在哪？苦思冥想之后，我重新研读教材，对教学环节进行取舍，编写了新的教案。

当我再次将教案交给姚老师时，他再次帮我指出了问题。比如，教学设计得把握历史故事的文体特点，紧扣人物形象和故事情节展开评价欣赏，立足学科素养展开文本对话……一次次的反思，一次次的否定。随着对故事语文教学认识的深入，我采用变序和比较教学方法，终于设计出了以"品读语言，感受'将'之不满—对比研读，感受'相'之智勇—转述故事，感受精彩情节—品读语言，感受'相'之大度—了解'和'文化，感受内涵"为主线的《将相和》。

研究是教师专业成长的必经之路，但这条路并不顺坦，常常使人跌倒。我要做的是，在跌倒之后爬起来，继续跌跌撞撞前行。

（四）

9月，新的学期拉开了序幕。当我捧着崭新的部编版五年级教材，看着一个个端庄的汉字，一幅幅灵动的插画，我好喜欢！

第三单元，竟然还是民间故事！端详着，阅读着，脑海中瞬间闪现出自己和孩子们兴趣盎然地交谈民间故事的场景。又突然想到近期有关"故事村"逐渐消亡的新闻，心中不由得激流涌动。

我想上一节民间故事的公开课！

当我把这个想法告诉姚老师，他露出了欣慰的笑容："非常好！践行故事教学的理念，传承优秀传统文化，你做的是功德无量的大事。这次主动请缨，足见你的自信，非常欣赏你！"

没有想到，第一次送上去的设计稿，竟然得到了姚老师的肯定！

黄檗禅师曰："不经一番寒彻骨，怎得梅花扑鼻香？"走上故事语文教学之路是美好的缘分，来之不易，且行且珍惜。我相信，通过反复磨炼，我终能上出充满故事味的语文课，成为有故事的语文人。

是夜，捧起《故事思维》，浏览《故事教学的规则与方法》，偶见书桌上花瓶里飘落的一片花瓣，不由得忆起汪国真《热爱生命》中的一句肺腑之言：

既然选择了远方，便只顾风雨兼程。

（供稿：罗敏红）

第三节　不解之缘，成长之旅

　　"燕子去了，有再来的时候；杨柳枯了，有再青的时候；桃花谢了，有再开的时候。但是，聪明的，你告诉我，我们的日子为什么一去不复返呢？"

　　每每感叹岁月如流水般一去不还的时候，我总会想起朱自清先生的《匆匆》。白驹过隙，不知不觉间我竟已在三尺讲台上度过了四个春秋。从一开始的手足无措，想要仓皇逃离，到如今与孩子们的如漆似胶，无所不谈，我成了一个名副其实的"孩子王"。但愈是与他们交好，就愈发觉得自己肩负的责任重大。不仅因为他们对我的信任，还因为我的成长太慢。

　　偶尔与旁人聊起过往的经历，他们总会说："你真厉害，从企业转到学校来工作还能如此得心应手。"殊不知，这才是我内心真正惶恐的地方。尽管自己曾经也是师范专业毕业，但毕竟时隔久远，在企业中耽误了那么长的宝贵时光，我总是唯恐专业水准不够而误人子弟。

　　登上三尺讲台之初，我认为语文教学就是把课文内容讲完即可，至于学生是否能吸收掌握，并没有过多的考虑。故而所带班级成绩并不理想。虽然后来调整了教学策略，开始研究学情，琢磨教学重难点，学生的成绩也稳中有升，但遗憾的是课堂上总是少了那么些乐趣和生成。

　　久而久之，我发现自己越来越困惑，遇到了教学的瓶颈。语文教学肯定不应该只追求成绩。问题是，怎样才能让培养学生的语文素养接地气而不是空中楼阁？怎么实践才是真正的寓教于乐而非空有噱头？怎样切入才能拓展语文教学的广度和深度而非迷茫苦恼……种种疑问挥之不去，各式困扰萦绕脑海。焦虑的我犹如渴望春雨的野草一样，希望得到滋养和成长。

　　一次偶然的机会，我成为了市级课题"'故事语文教学'研究与实践"开题仪式的主持人。激动中掺杂着一丝恐慌，兴奋中伴随着一缕担忧，惊喜中充满着一种渴望。

事实证明，这确实是一次绝佳的学习机会。不仅能近距离的走近名师，更让我领略了故事语文教学的魅力。不论是特级教师罗代国、郑冬梅老师对故事语文教学的精辟见解，还是课题组成员毕静老师的当堂展示，都让我如痴如醉。一次主持经历，一次开题活动，我对故事语文教学的喜爱情结就此萌发。于是，我和大家一起，读着故事，研着故事，教着故事……

回想起毕静老师执教的《彩色的梦》，其中一个环节是让孩子们发挥想象，说说盒子里的彩色铅笔之间会发生怎样的故事，产生怎样的对话。有个小胖子让我记忆犹新。他惟妙惟肖地模仿着不同的铅笔，在争论着谁的颜色描绘的事物更奇妙。只见他把眉一横，用比较厚实的声音说："我是黑色铅笔，我能画出黑色的土地，人们能在上面种庄稼，养活自己。"紧接着，他又把眉一挑，卷起袖子趾高气扬地模仿起黄色铅笔："我能画出闪亮的金子，当人们挖到我的时候，他们就不再需要再种庄稼啦！"看着他粉嘟嘟的脸庞，听着别有滋味的表达，我们哑然失笑。当孩子们的思维被激活，想象能驰骋，个性得以彰显，还用纠结那些条条框框？

故事语文教学对学生的影响可能还不只如此。一方净土，一种文化氛围。学生可以通过故事去接触更为广阔的文学天地，可以在耳濡目染中认识中华文化的博大精深，可以夯实文化底蕴、提升涵养……

记得第一次尝试，我执教一节为衔接课文而拓展的"志向名言"课。经过精心挑选，我截取了两段志向名言。第一段出自清代金缨所著的《格言联璧》："志之所趋，无远勿届；穷山距海，不能限也。志之所向，无坚不入；锐兵精甲，不能御也"。这句名言用"穷山距海"的意象来表明志向的远大可以"无远勿届"，用"锐兵精甲"的意象来说明志向的力量可以"无坚不入"。尽管诗句已经用具体的意象把抽象的"志向"表达出来，但对于尚且年少的学生而言，依旧是难以理解的。因此，我决定借助故事来帮助他们更好地体会诗句的真意。依据《后汉书．耿弇传》，我给学生讲述建威大将军耿弇的故事：

耿弇少年时期以勤奋好学著称，尤其喜好兵法。后来他看好刘秀，就到南阳投奔，还劝他的父亲跟他一起去。到军中后，耿弇便劝刘秀先收河北、再平山东，则天下遂可平矣。当时的刘秀只是一支小股力量，此野心说出去旁人都觉得夸张。但耿弇有了这样的远大志向，便有了拼命三郎的勇气，从此一路东征越战越勇，成了常胜将军。在横扫山东与张步对战时，耿弇不幸腿部中箭，他毅然砍断箭尾，忍痛坚持带领部下继续奋战，最后终于拿下张步。曾经远大的志向，成了他坚持的勇气和无坚不摧的战斗力，鼓励着他逐渐实现当年那个小伙子希望平定天下的理想。此一役后刘秀大为欣喜，并感慨地对耿弇说："将军前在南阳，建此大策，常以为落落难合，有志者事竟成也。"而之后"有志者事竟成"这句名言便广为流传。

讲述故事时，我从孩子们的眼神中看到了前所未有的专注，他们的心绪似乎都跟随着耿弇在战场上起伏。直到故事结束他们还欲罢不能，意犹未尽。此时，结合故事谈感受，引导学生畅谈对《格言联璧》中那段志向名言的理解，毋须多加引导他们都能各抒己见。

这其间，有个平时不常发言的学生也被激发了表达欲望。当他用坚毅的目光望着我举起手时，我就知道他有故事要讲。果不其然，他站起来之后就侃侃而谈："耿弇是一个有志向且能坚持追求梦想的人。其实世界上有志向和梦想的人很多，有些人最终能成功，有些人的梦却仅仅是梦，区别在于坚持。就像我刚开始学钢琴，对指法练习不胜其烦，一度想要放弃。当我有一天听到《卡农》时，就有一种强烈的愿望要把这首美妙的曲子演奏出来。于是，我开始刻苦地练习。我想，支撑我坚持下去的就是一定要把这首曲子弹奏出来，这就是'无远勿届''无坚不入'的力量吧！"他的一番讲述引起了更多同学的共鸣。

如此深入的讨论是我之前从未见过的。故事，给课堂带来了勃勃生机。之后结合项羽破釜沉舟和勾践卧薪尝胆的故事，我们又一起学习了"有志者，事竟成，破釜沉舟，百二秦关终属楚；苦心人，天不负，卧薪尝胆，三千越甲可吞吴"这副对联。有了生动的故事做铺垫，理解或背诵诗句都是水到渠成之事。

至今想起那场不亦乐乎的讨论和分享，那份热烈与激情久久不能散去。多么活跃的课堂，多么专注的思考，多么真挚的言语啊！

故事语文教学不仅给学生带来了乐趣和激情，还让我从单纯以本为本的教学理念中跳了出来，使非故事文本的教学生动化、故事化……

正如《礼记.学记》所言："学然后知不足，教然后知困。知不足，然后能自反也；知困，然后能自强也。故曰：教学相长也。"与故事语文教学的这份不解之缘，将让我和我的孩子们生命不止，成长不息。

（供稿：黄于玲）

第四节　遇见故事，邂逅幸福

"蒹葭苍苍，白露为霜，所谓伊人，在水一方。"这是撩动心弦的遇见；"这位妹妹，我曾经见过。"这是宝玉和黛玉之间初见面时欢喜的遇见；"幸会，今晚，你好吗？"这是《罗马假日》里安妮公主糊里糊涂的遇见；"遇见你之前，我没想过结婚，遇见你之后，我结婚没有想过和别的人。"这是钱锺书和杨绛之间，决定一生的遇见。

古往今来，有太多太多的文字在描述着各种各样的遇见。遇见，仿佛是一种神奇的安排。

（一）

小孩儿都爱听故事。一个听着故事长大的孩子，无疑是幸福的。

家乡的七八月正是夏日，炎热。每到夜幕低垂，热气逐渐散去，吃过晚饭后，街坊四邻便会各自搬出竹床，在自家阳台上纳凉，一家老小或坐或躺拉着家常，又是一番新的热热闹闹。每当这时，我跟哥哥便会追着奶奶，让她给我们讲那总也听不够的故事。奶奶爱听戏，爱跟我们讲戏文里的故事，比如天仙配、女驸马，还有一些她听来的故事，比如牛郎织女、孟姜女哭长城等。望着月亮，奶奶也讲嫦娥奔月、吴刚砍树，每次讲到这儿的时候，我都会睁大眼睛盯着月亮，看着看着好像真的能看见吴刚在不知疲倦的砍着桂树，看到嫦娥抱着玉兔在夜空中翩翩起舞。繁星点点的夜空下，奶奶轻轻的摇着蒲扇，小小兄妹俩仰躺在竹床里，渐渐进入梦乡……

伴着故事入眠的我，一天天长大，童年也因为故事而充满了色彩。奶奶在我幼小心灵埋下的那颗故事的种子，也在悄悄萌芽……

（二）

初为人师，面临的最大问题就是如何站稳讲台。为了提升自己的专业素养，我积极主动地承担学校、区里的公开课。每一次展示，我都精心备课，尤其是反复练习教学设计上的每一句教师语言，预设着学生的回答。有时候，为了更好地展示教学风采，我连表情和动作都要反复练习，直到自己满意为止。

虽然每一次展示圆满地完成了任务，也得到了教研员和同行们诸如"听你的课真舒服，你的声音真好听""你们班同学的朗读水平真高，都是你教得好哇"的评价，但是我知道，这一切都是在自己的预料之中，每一份美滋滋的背后都是自己提前反复背诵与堪称完美表演的结果。然而，这份沾沾自喜并没有维持多长时间。

随着年级的升高，寓言、神话、民间故事、小古文等文体依次出现。为什么教、教什么、怎样教等问题反复困扰着我，加上部编教材资源库"一穷二白"，因而每次备课再也不能采用拿来主义，这让我感到头疼。

屋漏偏逢连夜雨。科组长有天突然通知我："王老师，学区要举办一个青年教师录像课比赛，你好好准备一下……时间有点紧哦，下周就交！"

答应容易，做起来就难了。选定《蜘蛛开店》之后，我就陷入了困惑：这是一个有趣的童话故事，孩子们应该会喜欢。可是，学生们一读就懂的故事，目标应该怎么定呢？结构相同的故事，教学环节又该怎样安排？我竟然一时不知道该从哪里入手。这工作都几年了，怎么连备课都不会了呢？几天的难以入眠，我甚至都怀疑自己是不是教过书。

"小王同志，你这琼花儿怎么感觉都要蔫了呢？"课间，走廊上，我遇见了市名师工作室主持人姚老师。他见我魂不守舍，关切地询问。

"老师，我突然发觉自己不会备课，不会上课了。"

"怎么会呢？你很优秀的啊，大家都很欣赏你啊！"

"那些课都是大家花了好长时间帮我磨出来的。"我越说越没底气，"现在让我在短时间里单独备课，我感觉太难了！"

"你平时是怎么备课的？"

"我一般都是先看教参，确定目标，然后再根据目标在网上看看别人的教学设计，找些灵感。"我一五一十地把自己的"备课"过程告诉了老师。

听完我的介绍，姚老师细心地开导我，说："先定目标是对的。但是我建议以后备课先不要看教参和别人的设计，而是自己反复朗读课文，读出自己的体会，读出自己的困惑，读出自己的见解……《蜘蛛开店》既是一篇童话，又是一个故事，怎样循着童话的特点来提高学生的语文能力，使教和学都有自己的特点？你尝试一下故事教学的方法……"

老师的一席话顿时点醒了我。作为一名工作已经有好几年的语文教师，总得有点自己的东西。于是，我重新梳理思路，决定带领孩子们乘着想象的翅膀，循着蜘蛛开店的经历，在品读、欣赏、讲述、表演、续写中体会童话的魅力，感受蜘蛛的可笑……当一等奖的证书颁发下来，我更加坚定了自己的选择和方向。接下来和名师相处的日子里，我反复研读教材，自行设计教案，多次展示公开课，尽管起步较晚，但我似乎看到了语文教学之门渐渐向我敞开。

（三）

一个人，可以占据一个民族传统节日的所有荣耀和精神空间的，唯有屈原！粽叶飘香，端午将至，学校"品味端午，传承文明"主题活动即将开始。

主题活动的目的绝不在于形式。作为故事语文教学课题组的成员，怎样在增进学生对传统文化了解的同时帮助学生提升语文素养？借助单元园地中"路漫漫其修远兮，吾将上下而求索"的学习，我和学生共同制定了"话说屈原"班级主题活动方案：了解屈原，讲述他的故事；走近屈原，品读他的诗文；研究屈原，感受他的情怀；表演《屈原》，感悟他的精神……

当一场综合讲述、朗诵、汇报和表演的分享会呈现在全校师生面前时，我和学生共同跨越了历史，体验着"举世皆浊唯我独清，众人皆醉唯我独醒"的孤寂和悲苦，感受着"如欲平治天下，当今之世，舍我其谁"的精神和气概。故事使我们班荣登唯一的特等奖宝座。活动之后，学生们还主动建议组织一次"我眼中的屈原"作文大赛。

受主题活动的鼓舞，学生将课内学习与课外实践活动紧密联系起来，先后开展了"我眼中的诗仙李白""走进杜甫""话说东坡"等讲故事、诵诗词专题活动，故事语文教学的花儿悄然盛开。

（四）

"孩子们，在我们的成长过程中，每个人可能都会遇到一个陪伴我们的'雪孩子'。他也许是你的爸爸妈妈，也许是老师、同学，也许是曾经一起玩耍的好伙伴，他们或许就在某个时候暂时离开了我们，请不要悲伤，他一定会在某个地方默默地守护着我们。"

这是我在故事语文教学研讨会上执教《雪孩子》后对学生说的一段话。语音刚落，一名小男生冲到前面，拉着我的衣角说："王老师，王老师，我家里就养过一条小狗，我们一起生活了五年。可是，上个月它离开了，我很伤心。今天学完《雪孩子》，我知道小狗并没有走远，因为它一直跟我在一起，在我的心里……"

听到小男孩纯真的话语，我的眼眶湿润了。我直摸着他的头，夸赞他："你真懂事，真懂事！"

虽然这只是故事语文教学中一个不起眼的小片段。但是，我感觉比得到学区青年教师录像课比赛一等奖的荣誉还要珍贵。

（五）

《雪孩子》课例研讨之后，深圳市姚建武名师工作室公众号专题推送"冬日话故事，温情成长路"活动报道，本人也进行了转发。没有想到的是，我竟然遇到了与自己将相伴一生的他！

问及原由，秦先生说其实并没有过多的关注我的长相和身材，而是因为《雪孩子》—他将报道反复看了无数次，那个身穿白色羽绒服讲课的老师，那个自信中略带着傻气的女孩，那个微笑着把话筒递给学生的琼花儿，一见如故！因为，照片中的我写满了故事！

就如秦先生后来所说："好看的皮囊千篇一律，有趣的灵魂万里挑一！"

人的一生会有很多场遇见。遇见了，故事就发生了。小时候，奶奶的故事让我遇见童年的精彩；长大后，名师的故事让我遇见成长的方向。如今，因为遇见故事语文教学，我和孩子们一起成长，还收获了一份"命中注定"的缘分馈赠。

遇见故事，邂逅幸福。故事语文人的故事未完待续……

（供稿：王琼）

第五节　美在故事，醉在深秋

灯光照在脸上，反射出淡淡的柔光。三杯两盏淡酒，轻言细语交谈，故事语文人的小聚，倍有温馨自然之感。刚经历深圳市小学语文青年教师教学能力大赛的我，整个人都放松下来，酒也跟着多喝了几杯。循着这股酒香，我的思绪又开始游走，游走于故事语文人成长的点点滴滴……

（一）

"老师，《守株待兔》我都不知道怎么上了！"我火急火燎地跑到老师办公室求助。"文本中的故事教学"专题研讨活动马上就要举行，我仍找不到《守株待兔》的教学思路。老师笑眯眯地喊我坐下，起身又给我倒了杯茶："来，平复一下心情。"我把设计稿送到老师面前，希望能得到他的帮助。"如果能逐字逐句帮我修改，那自然更好啦。"我暗自揣测，并开始幻想自己能在那天的示范课上一展身手，也逮住一只大大的"兔子"。

"你有关注《守株待兔》这则小古文的出处吗？"哎哟，我又开始做白日梦了！

"选自《韩非子·五蠹》。"这个我还是知道的。

"你知道'五蠹'指的是什么吗？"

"指的是……"我张开的嘴又合上。

"作为法家集大成者—韩非子，你对他有初步的了解吗？有没有想过他为什么要写《守株待兔》这个寓言故事？"

连续几个问题把我问得哑口无言，我惭愧地低下了头："老师，这些相关资料我没有去细查。"

"'蠹'字意指由内部危损整体的木中之蛀虫，韩非子在五蠹篇中直指儒士、言谈者、带剑者、患御者和商工之民，为扰乱君王法治的五种人。当然，上课时，你不需要把这些知识告诉学生，可是在备课的时候，若你把这些历史背景、作者生平经历甚至是他的创作心路等资料查阅清楚，或许能给你的教学设计带来一点启发。"

"另外，你可以关注这一点：《韩非子》书中记载了大量脍炙人口的寓言故事。例如《自相矛盾》《讳疾忌医》《滥竽充数》以及你这次要上的《守株待兔》等这些寓言故事，蕴含着深刻隽永的道理，给人们以智慧的启迪。但是它其中还隐藏着'劝'的文化。古人运用大量浅显的故事来说明抽象的道理或者警醒他人，于我们而言，也是一笔宝贵的精神财富。故事中的'劝'文化你可以在教学中有所涉及。"

我若有所悟。是否能上好公开课已经不重要了，能不能逮得大兔子也不再具吸引力了。因为我深刻地明白了一点——工欲善其事，必先利其器。备课，需要深度，需要广度，更需要"用心"的程度。

一次"惊慌"的求助，一辈子受益。

（二）

"教师口头语言才艺比赛"，这是啥新奇的比赛？我浏览着科组长发的文件。哦，共有三个比赛项目：朗诵课文、即兴答辩和即兴赏析。朗诵还挺容易的，可是三分钟答辩和赏析难啊。尤其是赏析，是抽签即兴赏析，内容包括教材内的古诗词、与教材内容相关的名作名著名书法等。这得准备多少资料啊？这太难了！我摇摇头，关闭文件，又忙别的事情去了。

然而，忙碌的工作没能帮我把才艺大赛这件事从大脑里抹掉。作为一名语文教师，没有参加过相关的学科技能比赛，教学生涯未免有些遗憾。我有些心动，又有些为难。作为两个孩子的母亲，还跟那些小年轻去同台竞技，要是"一轮游"会不会很丢人？还是去问问老师吧。

午餐后的散步历来是众多教师的保留节目，我追上老师的步伐，把想去参赛的念头说了出来。

"我非常赞同。"老师满是笑意地说，"年轻人去练练手，挺好的。而且也正好检验你在故事语文教学上的成长情况。"得到老师的大力支持后，我便兴冲冲地找科组长报名了。

如此大型的比赛，既然报名了，便不能懈怠。我认认真真准备了一段时间，有不懂的地方就去询问，问同事，问其他故事语文人，问老师，一路问下来，倒也冲出了学区，进入了宝安区决赛。

比赛前一天，老师特意交代琼花和敏红与我一同前往。临出发，老师还笑着说："故事人去比赛一定要有故事，而且这个精彩的故事首先要在你们身上发生。"

比赛的阵线拉得很长，选手们按序登场，或沉稳扎实，或厚重老练，或新颖独特。快轮到我时，我竟然莫名地紧张起来。

"姐，能闯进区赛，你已经很棒了。不要给自己太大的压力，故事语文人！"敏红妹妹温柔的声音在耳旁响起。我和敏红同一年进学校，同在一个办公室，又一起加入名师工作室和课题组学习，我们之间总是这般地默契。

提到故事语文人，我突然精神为之一振：故事语文人敢想敢做，都是有担当、有勇气、有智慧的，我怕什么！

有信心就有底气。比赛顺利结束。值得庆幸的是，我居然捧回了一等奖！与此同时，故事语文人拥有了终生难忘的经历和故事，久久不能忘怀。

（三）

一路历练，一路成长。在"青年教师教学能力大赛"上，我如同获得了"幸运卡"一般，顺利地从学区赛晋级区赛、市赛。

比赛共分说课和答辩两个环节。统编版教材的全面铺开给小语人带来全新的机遇和挑战。人文主题和语文要素的探讨如火如荼，"1+X"的阅读方法被广泛采用，各类新式的教学设计、教学课例让人耳目一新。一轮、二轮、三轮集训，有幸得到宝安区教研员唐宝成老师、陈国富老师等名师的倾力辅导，我迅速成长。可是，横亘在说课过程中的"空、泛"问题，我迟迟找不到解决的办法。

我急得上火，口腔严重溃疡，脸上狂爆痘痘。老师看我这幅模样，让我带一份说课稿给他看看。大致浏览后，他随手指着一篇课文："20分钟准备，从解读文本开始。"时间一下子就过去，我开始阐述自己的思考："《走月亮》描写阿妈牵着'我'的手在月光下散步的情景，旨在让学生体会'我'和阿妈浓浓的亲情以及作者对美好生活的向往……"

"解读文本是最考验教师功底的。首先要明确文本的特点。以《走月亮》为例，这是一篇优美的散文，是作者童年时代的美好回忆。散文的特点是什么？你打算通过哪些方法让学生体会文本所传递的民俗美、风光美和人情美？"

"用朗读法贯穿全文。"我想都没想，开口就说。

"怎么贯穿呢？你说来听听。"

"导入新课后，我以朗读法贯穿全文。自由读，尊重学生的阅读体验；展示读，明确朗诵与唱歌一样，要有轻重快慢，有起有伏……"我如数家珍般地把说课稿上的文字给背了出来。

"说课不仅仅要检查你的教学理念，还要看你怎么智慧地去实施。就比如自由读，怎么个自由法？朗读法贯穿全文，怎样去引导学生体会走月亮情境下的民俗美、风光美和人情美，积累那些优美的语言文字？还有，月光下，又有多少温馨而感人的故事？方法策略你都有，关键是要接地气，让学生真正感受得到，体会得到。"

我似乎懂得了问题的症结之所在。修改后的《走月亮》说课稿呈现了不一样的教学理念："'秋虫唱着，夜鸟拍打着翅膀，鱼儿跃出水面，泼刺声里银光一闪……'月夜多么迷人。我引导学生边读边想象秋虫低吟浅唱的热闹，体会夜鸟受惊吓拍打翅膀起飞的轻盈，感受鱼儿跃出水面那瞬间的姿态优美……"

经过这次花费老师较长时间的指导后，我早已把何时比赛、比赛的结果都抛诸脑后。我想，成长才是硬道理。于是，我放弃了在电脑上搜索各种资料，转而反复地读课文、读单元导语、读课后习题，并适时写下自己的发现和体悟，沉醉其间。

"姜玮，我们来喝一个。"刚成功展示《精卫填海》故事课例的开心果琼花，向我举起了酒杯。酒不醉人人自醉，回想起参加故事语文教学研究的这段历程，自己和小伙伴们一个个展示公开课、参加才艺大赛、冲刺市说课比赛，仿佛一夜之间都长大了许多。

伴着蟋蟀的奏鸣，我醉在了幸福的秋夜。

（供稿：姜玮）

第六节　且行且探索，小故事大乾坤

三十而立，四十而不惑。本已确立了人生目标和发展方向的我，因为 2017 年 9 月的一段经历，竟然陷入了困境，困惑得让我不得不怀疑人生。

（一）

"怎么回事？怎么回事？"每次从教室返回，我总是搞不明白，就"天、地、人、你、我、他"六个汉字，一节课下来，全班五十个孩子竟然只有十八个能全认，最"厉害"的那个居然只能认一个"人"字！我可是使尽了浑身解数的啊！

这是我从教二十多年来遇到的最难教的班！

两个月时间，终于学完了汉语拼音。之后的一天，我带班长外出参加一个领奖活动。因为颁奖时间还没到，我递给她一本拼音读本。谁知，才几分钟的时间，她就把书给送了回来。

"这么快读完啦？"我很好奇她的速度。

"不……不是……我看不懂！"

"看不懂？不是刚学完拼音吗？"我真是奇怪。

"老师，我不识字呀！"她脸色通红，一点也不像说谎的样子。她可是全班最优秀的学生啊！我又想起开学初的那一幕：

一个胖乎乎的小男孩挤到我身边，一脸骄傲的神情："老师，你认识字么？我一个都不认识！"

看着班长，回想起那个小男孩，我心里真不是滋味。

（二）

早识字才能早读书，早读书才能早启智。怎么办？自己生的娃还得自己养，自己教的班还得自己解决问题。

识字读书，双管齐下。

我请家长为孩子准备了剪贴识字本，引导学生在课外自主识字，并把包装盒、广告、海报上不认识的字给剪下来张贴在识字本上，由家长帮助认识。每天积累不少于三个字的做法起初有效，但是学习底子差的学生很难坚持，毕竟单纯的识字太枯燥。

于是，我把班上识字能力最弱的十个孩子组织起来，单独组建读书微信群。每天晚上，孩子们大声地朗读课文，分享朗读录音。而我，不管多忙，都认真听取每一段语音，@每一个孩子做点评：有时候提建议，告诉他们应该怎么读；有时候亲自示范。当然，更多的时候是给他们竖大拇指。

开始的时候学生还不太习惯，要督促才能完成。到后来，十个孩子你追我赶，竟然发起朗读比赛，每天回家的第一件事就是练习，朗读，发微信群！

期末的时候，奇迹出现了！原本基础最弱、学习最没兴趣的十个孩子，竟然有三个考了满分，除了两个接受能力确实比较弱的只考了80多分，其他几个都在90分以上！

尝到甜头，家长和孩子们第二个学期主动要求继续读书。其他家长也要求让孩子加入读书小组。我顺势把全班学生分成八个小组，安排常务组长和轮流值日组长按标准点评、打分。先读熟练再将最好的录音发布在小群的读书方式，促使学生反复朗读，精益求精。而我，则每个组都听一听，指出共性问题，挑选最好和进步最大的作品在班级大群里分享，让他们获得额外加分的机会。有兴趣就有动力。孩子们为了获得分享和加分机会，有时间就读书，不用提醒，不用督促。

慢慢地，认字多了，单纯的一本语文书已经不能满足孩子们的需求。是时候读课外书了。读什么内容的书？故事语文教学给了我启示。

从读故事开始！

一旦走进，便是如饥似渴。童话故事、寓言故事、神话故事、民间故事、历史故事，满目的繁华，满心的欢喜。孩子们或蹲坐或凭栏，教室内外，都是他们静心阅读的身影。

而我，则每天晚上继续欣赏录音，或点评或鼓励，不管是周末还是寒假暑假。一年多的坚持，我保存了全班五十个孩子的故事录音。

"老师，妈妈告诉我，我的故事录音已经被分享一百多次啦！"看到学生那个兴奋样，想想一年来尽心尽力地欣赏点评和朗读指导，值得！

（三）

"老师，能不能组织一次讲故事比赛？"好家伙，故事读多了，竟然有了表现的愿望。

"想怎么比？"我故意逗他们。其实，逗也是一种乐趣。

"先班上比，然后，然后到学校里面比。"小家伙想得还真美。不过，她的提议确实让我心动了。

于是，我们班拉开了讲故事比赛的序幕。第一届故事大王擂台赛如期举行，被挑选出的二十四个孩子衣着光鲜地第一次站在了学校综合电教室的大舞台上。所有的灯光、录像和掌声全为他们而准备。另外的二十六个孩子，则坐在观众席上，拼命地鼓励、喝彩！

表演场上，成长路上，不能让一个孩子缺失！于是，分层次竞赛方案开始实施。一时间，五十个孩子，五十个梦想，大家都在默默地较劲。

半年后的又一轮故事大王擂台赛，家长们的支持达到空前。选择故事，训练表达，购置服装，布置场景，踊跃化妆，拍照录像，家长们忙得不亦乐乎。不少的家长还是专程请假而来。尤其是第二场比赛，连平时发言都脸红的小梅，都神采飞扬。

当掌声、鲜花和灯光都涌向孩子们的时候，作为教师的我，真为他们的成长而幸福！

（四）

小小的故事，不仅增强孩子们的自信，还激发了创作热情。读别人的故事，写自己的精彩。五十个孩子，每周五十篇习作，这可全是他们自愿的哟！

"老师，我们班要不要申请一个微信公众号？"家长的提议又触发了我的思考。

就这样，我又开始请教信息教师，钻研平台的架构和建设，包括编辑文字，配备图片，设计版面。自"五个铃铛"微信公众号发布第一篇学生作文，家长和学生就给予了特别的关注。尤其是发布剪辑之后的个人故事大王擂台赛视频，更是让孩子和家长形成了期待。当看到家长朋友将链接分享在朋友圈，浏览量达到近千次时，我感觉故事已经超越了其本身的含义，它已成为学校和家庭、教师和学生之间联结的不可或缺的纽带。

（五）

"老师，我被选到学校广播站当播音员啦！"

"老师，我参加'清弦读书会'朗读比赛，进全国决赛啦！"

"老师，我们被选为学校'庆祝中华人民共和国成立 70 周年特别节目'的主持人啦，几个主持人全是我们班的！"

听着孩子们接二连三的汇报，欣赏着刘欣怡同学刚刚发表在《深圳青少年报（启蒙周刊）》上的文章，回顾几个学期来孩子们跃居年级第一的成绩，捧起自己获得的宝安区课堂教学大赛录像课例和教学设计两个一等奖证书，还有什么比这更幸福呢！

小小故事，大有乾坤，不仅改变了孩子，也改变了我。故事语文教学路上，我们且行且探索。

（供稿：倪玲）

主要参考文献

[1] 肖川.全日制义务教育语文课程标准（2011 年版）解读 [M].武汉：湖北教育出版社，2012.

[2] 教育部基础教育司.走进新课程：与课程实施者对话 [M].北京：北京师范大学出版社，2002.

[3] 朱永新.新教育实验 [M].海南：海南出版社，2006.

[4] 王崧舟.语文的生命意蕴 [M].武汉：长江文艺出版社，2016.

[5] 故事思维 [M].俞沈彧，译.南昌：江西人民出版社，2017.

[6] 陈燕.教师课堂：中小学一线教师如何开展课题研究 [M].北京：知识产权出版社，2016.

[7] 刘天平，蔡美静，王林发.故事教学的规则与方式 [M].福州：福建教育出版社，2016.

[8] 胡传双，郭勇.走向儿童心灵的故事语文 [M].合肥：合肥工业大学出版社，2018.

[9] 吴勇.吴勇教故事：儿童故事性写作教学探索 [M].福州：福建教育出版社，2013.

[10] 李国锋.加点料：语文有故事 [M].太原：山西教育出版社，2017.

[11] [美] 安妮特·西蒙斯著.故事思维.俞沈彧译 [M].南昌：江西人民出版社，2017.

故事情缘

炎炎八月起笔，在举国欢庆祖国 70 周年华诞的喜庆日子里完成整个书稿，实在是一件特别欣喜的事。

《故事语文教学》能够得以成书，源自那份深藏心底的故事情结。

广袤的夏夜，星星点着灯，萤火虫又开始巡游。忙碌了一天的我们乖乖地躺在凉席上，任晚风拂面，随乳燕呢喃，静静地欣赏着那些不知道被父辈们讲述了多少遍的故事，直到带着满脑子的奇思妙想甜甜地进入梦乡。

故事是有脚的。它慢慢地挪移，悄悄地走进课堂，跳到桌面上，躲在书包里，藏进童年的记忆。哪怕耳朵被拎痛，书被收走，无邪的孩子依然一次又一次地在老师眼皮子底下津津有味地翻阅《封神演义》《吴越春秋》……我们对故事的依恋，也随着年龄的增长而越发地浓厚。于是，想象和渴望爬满整个夏夜，神奇和快乐萦绕着整个童年。有故事的童年真幸福！

故事是有情的。梧桐树下，枫树塘边，榕树国里，学校换过一个又一个，学生送走一批又一批。五年、十年、二十年后相逢，他们已经记不清当初彼此的模样，但记得当年讲故事、演故事的那份稚气和洒脱；想不起课堂是什么样子，但很自豪当年拥有续写故事、创编故事时的成就感和幸福感。故事，磁石般地联结着我和学生朋友的心。追寻那份如痴般的记忆，重温那段共同走过的岁月，故事竟然如此美好！

故事是有缘的。一次偶然的谈话，一次难得的经历，选择了故事，就是选择了成长。

"读着您的《为成长而教》，我们特别想进步。可是，我们一直找不到突破的方向。吟诵，阅读，习作，感觉哪儿都是突破口，又好像哪儿都不合适……"

"想做点研究，不知道从哪儿入手，当然也不知道怎么去具体实施。就像您在《为发现而教》中所描述的那样，我们很迷茫……"

回顾自己的成长历程，鼓励我们成才成名的王校长，引领我走上教育科研道路的熊教授，指导我走上名师岗位的张校长，都是我成长路上的导师。我远不及王校长、熊教授、张校长那般智慧，怎样引领我的团队成长？

2017 年 5 月，深圳名师送教河源，我展示了《女娲补天》课例。备课，上课，议课，报告，交流，整个活动下来，都是刻骨铭心的故事与意想不到的收获。想想文本中那些丰富有趣的故事，回想自己童年对故事的渴望与沉醉，联想学生朋友对故事的追寻与情结，我的思绪逐渐清晰起来："故事语文教学"是合适的选择和方向。我们得有点自己的东西！

很幸运，2018 年 9 月，"故事语文教学研究与实践"顺利立项为深圳市规划课题。小故事果然大乾坤。随着研究与实践逐步深入，学生阳光自信地跨进了广播室，登上了升旗台，绽放在"宝安区'松岗杯'阳光少年朗诵比赛"竞技场，活跃在"全国'汉韵新传'公益朗读大赛"总展示的大舞台……作为课程改革背景下语文教学创新的具体化行为和有效探索，故事语文教学不仅成就学生，也成就我们：倪玲老师捧回"宝安区课堂教学大赛"录像课例和教学设计两个一等奖，研究论文刊发于《小学语文教学》杂志；毕静老师教学案例荣获"宝安区'六好'课程评比"一等奖，录像课例获得"宝安区课堂教学大赛"一等奖，并在全区"硕师论坛"活动上现场作课；姜玮老师在获得"宝安区教师口头语言才艺大赛"一等奖后，又夺得"宝安区青年教师教学能力大赛"一等奖，并顺利晋级市赛……

《故事语文教学》记录"故事语文教学"研究与实践的历程，前五章阐述产生的缘由、基本特征、实践意义、实施策略和应用课型，后两章分别呈现实践案例和成长故事，希望能够为年轻教师的专业成长提供些许的借鉴和参考。

同时，我们更希望得到大家的建议和指导，以便研究更深入，效果更明显。

感谢全体故事语文人近两年来的实践与探索，你们是最可爱的语文人！感谢特级教师、正高级教师、深圳市名师工作室主持人罗代国先生和郑冬梅女士的鼓励和指导，感谢宝安区教育科学研究院唐宝成、陈国富、范国强、王金杰等老师的支持与帮助，谨向他们表示深深的感恩和敬意。

当然，"故事语文教学"研究还不够深入，策略也算不上创新，案例也还比较粗糙，《故事语文教学》难免粗疏浅陋，恳请提出宝贵建议。

姚建武

2019 年 10 月 7 日于雅兰亭